ASSISTÊNCIA SOCIAL E TRABALHO NO CAPITALISMO

Dados Internacionais de Catalogação na Publicação (CIP)
(Câmara Brasileira do Livro, SP, Brasil)

Boschetti, Ivanete
Assistência social e trabalho no capitalismo / Ivanete Boschetti. – São Paulo : Cortez, 2016.

ISBN 978-85249-2428-6

1. Assistência social 2. Capitalismo 3. Desigualdade social 4. Direitos sociais 5. Política social 6. Trabalho e classes trabalhadoras I. Título.

16-01029 CDD-361.25

Índices para catálogo sistemático:

1. Capitalismo e política social 361.25
2. Política social e capitalismo 361.25

IVANETE BOSCHETTI

ASSISTÊNCIA SOCIAL E TRABALHO NO CAPITALISMO

1ª edição
1ª reimpressão

ASSISTÊNCIA SOCIAL E TRABALHO NO CAPITALISMO
Ivanete Boschetti

Capa: de Sign Arte Visual
Preparação de originais: Jaci Dantas
Revisão: Maria de Lourdes de Almeida
Assessoria editorial: Maria Liduina de Oliveira e Silva
Editora-assistente: Priscila F. Augusto
Composição: Linea Editora Ltda.
Coordenação editorial: Danilo A. Q. Morales

Direitos para esta edição
CORTEZ EDITORA
Rua Monte Alegre, 1074 – Perdizes
05014-001 – São Paulo – SP
Tel.: (11) 3864 0111 Fax: (11) 3864 4290
e-mail: cortez@cortezeditora.com.br
www.cortezeditora.com.br

Impresso no Brasil – maio de 2017

Para Lan,
Pelo amor e cumplicidade partilhados na vida,
porque o amor precisa de livre expressão e reverência coletiva.

Sumário

Prefácio

Ivanete Boschetti tem sido uma pesquisadora perspicaz e interlocutora muito importante no campo da Seguridade Social, especialmente da política pública de Assistência Social no Brasil, dando uma contribuição crítica para a consolidação da área de Serviço Social como área de conhecimento e que tem grande responsabilidade sobre estes temas, ao lado de outros pesquisadores da Universidade de Brasília, como Potyara Pereira Pereira, Rosa Helena Stein e Vicente Faleiros, dentre outros de gerações mais recentes, como Evilásio Salvador, Maria Lúcia Lopes e Sandra Teixeira. Na verdade, desde a formulação da Lei Orgânica da Assistência Social na sua primeira versão vetada pelo neoliberal *outsider* Collor de Melo, em 1990, o grupo de professores da UnB foi decisivo, em articulação com o CFESS, protagonista neste processo, e a antiga ABESS, bem como de importantes professores da PUC-SP. E ali estava Ivanete Boschetti, jovem mestranda da UnB e assistente social da LBA, que desde sua entrada nesta instituição, em 1985, participou de um grupo que reivindicava sua extinção e lutava pela assistência social como política de seguridade social, trabalhando pela "travessia do deserto", pela superação do conservadorismo. Parafraseando nossa autora em foco, peleando pela originalidade de uma política de assistência social abrangente, com reconhecimento de direitos e financiamento condizente. Portanto, sua relação e conhecimento da trajetória histórica da assistência social no Brasil associado à militância em torno dos direitos sociais, neste nosso país onde os mesmos são sistematicamente obstaculizados, vêm de longos vinte e cinco anos.

Porém, advirto a(o) leitora(o) de que vai se deparar neste seu novo livro — *Assistência social e trabalho no capitalismo* — com uma pesquisa de características diferentes de seus trabalhos anteriores, ainda que o ponto de partida esteja neles ou que eles sejam revisitados eventualmente. É assim que acontece quando se tem um *projeto intelectual* em torno de um objeto com o qual se tem um vínculo profundo: há um processo de amadurecimento de sua apreensão ao longo do tempo, de enriquecimento da teoria, aqui compreendida como reprodução ideal do movimento da realidade, com novas determinações, a partir do acompanhamento detido, rigoroso e exigente do processo histórico-social onde esse objeto se inscreve. Estamos diante, portanto, de um trabalho que, na trajetória de Ivanete Boschetti, expressa essa maturidade que vem com o adensamento da apreensão da crítica da economia política em seu pensamento. Assim, em trabalhos anteriores, a interlocução com a tradição marxista estava fortemente presente, mas ainda em convivência por vezes tensa com um diálogo com a sociologia francesa, com destaque para Robert Castel, a quem a autora presta neste livro justa homenagem como se verá, mas com quem há um nítido distanciamento teórico, que se poderá observar também nas páginas que seguem. Do ponto de vista político e com repercussão em suas formulações teórico-históricas, Ivanete Boschetti nunca fez concessões à social-democracia clássica, a exemplo das formulações de Castel — e menos ainda a posturas social-liberais em voga na política social recente, especialmente na assistência social. O que temos nas páginas que seguem, e que a autora reconhece de partida como o salto de sua reflexão, é o esforço de tratamento sistemático da assistência social na sua relação de atração e rejeição com o trabalho, a partir da crítica marxista, e com uma presença destacada do diálogo com obras de Marx, tais como *O capital, crítica ao Programa de Gotha* e *Questão judaica*. É, neste passo, reconstruída a trajetória da relação entre protoformas da assistência social e trabalho desde o contexto da "assim chamada acumulação primitiva" até a crise contemporânea e estrutural do capitalismo, a qual converte a assistência social, já como política social, numa importante estratégia anticíclica e ideológica, alçando-a a um lugar novo, que redimensiona essa relação clássica com o trabalho. Vamos encontrar uma incidência ainda importante da sociologia francesa, ademais muito produtiva sobre o tema, mas num novo patamar e incluindo autores francófonos mais recentes que estão no campo crítico-dialético.

O dito até então poderia ser suficiente para instigar à leitura desta obra. Mas há ainda outras razões a enunciar. A assistência social tem sido um duto para uma espécie de "novilíngua" da política social, em tempos de sua mitificação, como bem adverte Ana Elizabete Mota. Esse é um processo mais geral, mas que no Brasil adquire contornos específicos em função da novidade da assistência social como política de seguridade social e que só adquire corpo quando um governo do Partido dos Trabalhadores chega no nível federal do Estado brasileiro. Desde 2004, com a aprovação da Política Nacional de Assistência Social, vem se realizando um choque de gestão e formulação nesta área antes marcada pelo eventual, pela benesse e pelo favor, tão criticados pela ampla literatura profissional desde o ano de 1985, com o texto inaugural *Assistência na trajetória das políticas sociais brasileiras*, e pela autora deste livro em muitas ocasiões. No entanto, esse esforço veio acompanhado por escolhas teórico-metodológicas e acadêmicas, donde discordo inteiramente de posições que apontam um afastamento entre os formuladores da política de assistência social e o meio universitário e da pesquisa. Tais escolhas, no campo dos fundamentos teórico-metodológicos, caminham numa direção inversa do que vimos caracterizando, desde os anos 1990, como projeto ético-político profissional, que se nutre da tradição marxista, ainda que não exclusivamente, pois há vida crítica fora dessa tradição. Penso aqui num autor como Loic Wacquant, por exemplo, com sua pesquisa monumental e imprescindível para abordar e pensar sobre a assistência social hoje como contraface do crescimento do que ele chama de Estado Penal. Na verdade, com base nas conhecidas formulações de Michael Löwy sobre a relação entre o marxismo e as demais visões sociais de mundo, creio que a relação entre direção social e ecletismo torna-se, a meu ver, bem resolvida, de forma que é ocioso alongar-me nesse argumento. Aliás, esta obra exercita bem a relação entre uma direção crítico-dialética e uma ampla literatura que não se filia a essa tradição, extraindo dela suas descobertas, mas reconstruindo no nível do pensamento o movimento da realidade com a bússola da tradição marxista.

Na verdade, estamos, desde 2004, no Brasil, diante de um grande paradoxo: avanços institucionais importantes para a consolidação da assistência social, a exemplo da criação do Sistema Único de Assistência Social (Suas), e especialmente da novidade dos Cras, mas com parâmetros, normativas e orientações técnicas que contêm categorias com um nítido DNA neoconservador: risco, capacidades, exclusão, vigilância. Categorias que remetem à assistência social para se constituir como um panóptico da classe trabalhadora, como um controle sobre ela, ou para ativá-la, como claramente sustenta este livro, para o trabalho precarizado.

Em tempos de confusão dos espíritos, dança dos conceitos, pós-modernismos e social-liberalismo, a crítica marxista que não trata a política social como um dever ser, mas como ela é, pode parecer antipática, fora do lugar. Nesse sentido, é corajoso e oportuno que uma intelectual e militante histórica no âmbito da política de assistência social, que hoje se encontra no olho do furacão econômico e político desencadeado pela crise e pela luta de classes, lance-se na aventura de fundamentar o debate a partir de categorias como trabalho, questão social, crise do capital, totalidade, contradição/luta de classes, e mediação. Aí reside a importância deste livro: uma contribuição para a crítica da condição da assistência social no capitalismo e, particularmente, no Brasil de hoje, como requisição para que se possa extrair das contradições possibilidades que redirecionem essa política para além de si mesma, como mediação para o futuro, e não para a gestão/administração da barbárie.

Por fim, queria falar da minha emoção em prefaciar este livro. Além de nosso encontro intelectual e militante pelos caminhos da organização da categoria das(os) assistentes sociais, em particular em gestões da Abepss e do CFESS, e da pesquisa e ensino sobre política social, que resultou em um livro prazerosamente escrito a quatro mãos, temos uma vida em comum, assumida publicamente neste país majoritariamente preconceituoso — e basta observar as posições hoje majoritárias no Congresso Nacional — e violento. Sobre nosso encontro profissional e militante, não caberia nessas linhas minha gratidão por nossas trocas e pelo grande aprendizado que me permitiu também amadurecer. Como companheira, pude acompanhar as angústias do processo criativo da autora a cada movimento deste trabalho, o que é privilégio de quem está muito perto. É assim que me sinto: privilegiada por compartilhar o amor, a vida e a luta, seja a da batalha das ideias seja a luta de classes, seja a luta contra a homofobia, ao lado de Ivanete Boschetti.

Um dia que deu em chuvoso no quente inverno de 2015.

Botafogo, Rio de Janeiro

Elaine Rossetti Behring

Apresentação

Este livro, intitulado *Assistência social e trabalho no capitalismo*, nasce em momento de profunda crise do capital, onde a profusão de dados disponíveis mostra suas consequências mais bárbaras para a classe trabalhadora em todo o mundo: perda do emprego, desestruturação do trabalho, derruição de direitos, obrigatoriedade de sujeição às mais ignóbeis formas de trabalho, submissão às mais violentas formas de exploração e opressão, encarceramento acelerado, criminalização de suas expressões políticas e sociais. São processos que, se por um lado, instigam a luta coletiva pela sua superação no campo da esquerda, por outro, fermentam o avanço do pensamento conservador e estimulam a corrosão de políticas sociais que edificaram o Estado social no capitalismo, com seus limites e contradições, mas que foi historicamente fundamental na concretização de direitos conquistados a "ferro e fogo" pela classe trabalhadora, conforme sinalizou Marx.

Pelo ângulo da relação entre assistência social e trabalho, busco demonstrar as tendências de derruição dos direitos vinculados ao trabalho e a expansão da assistência social, esta peculiar forma de proteção social que, contraditoriamente, vem assegurando condições mínimas de sobrevivência a uma parcela cada vez maior da classe trabalhadora superexplorada, mas, ao assim fazer, participa ativamente da reprodução da superpopulação relativa no limite de sua sobrevivência e, portanto, assume uma inédita funcionalidade à acumulação do capital.

Uma persistente inquietação sobre a relação entre assistência social e trabalho na estruturação do Estado social esteve presente ao longo da minha trajetória acadêmica e de pesquisa e este livro expressa um esforço de desbravamento teórico mais sistemático e crítico dos meandros desta relação e de suas multideterminações. A tese de Doutorado defendida em 1998[1] e publicada em livro em 2006 com o título *Seguridade social e trabalho: paradoxos na construção das políticas de previdência e assistência social no Brasil* foi o marco inicial de minhas reflexões sobre esta problemática, a partir do ângulo de análise da seguridade social brasileira. Nessa primeira incursão, defendi que a seguridade social, estruturada com base em princípios que seguem a lógica securitária-assistencial, em uma sociedade mercantil, marcada pela desigualdade social estrutural e elevado desemprego, possui limites estruturais que impedem sua busca pela universalização (Boschetti, 2006).

Desde então, minhas incursões no campo da pesquisa[2] e do ensino buscaram aprofundar as determinações econômicas e políticas dessa problemática, bem como apontar suas consequências para as políticas sociais, em especial as de seguridade social (saúde, previdência e assistência social). O livro intitulado *Assistência social no Brasil: um direito entre originalidade e conservadorismo* (2003a) socializou resultados da pesquisa sobre as condições da assistência social durante o governo Fernando Henrique Cardoso e foi aqui que defendi, pela primeira vez de modo explícito, a tese segundo a qual a assistência social e o trabalho vivem uma dialética e insolúvel relação de

1. O título original da tese é *La securite sociale au Brésil dans la Constitution de 1988: entre l'assurance et l'assistance* e foi defendida na EHESS, sob orientação do professor Robert Castel, com quem muito aprendi sobre essa temática e a quem homenageio neste trabalho, por sua seriedade na pesquisa e produção de conhecimento, sua delicadeza, gentileza e respeito às minhas posições, ainda que diferentes das suas, durante todos os anos que convivemos, desde 1993 até seu falecimento, em 12 de março de 2013.

2. Todas as pesquisas realizadas desde 1999 contaram com apoio do CNPq, por meio da bolsa produtividade em pesquisa e também com apoios recebidos em decorrência de participação em editais como Edital Universal e de Ciências Humanas e Sociais/CNPq e Editais Procad/Capes.

atração e rejeição no capitalismo. Naquele momento, com base na análise da política da assistência social estruturada no âmbito da seguridade social constitutiva do Estado social nos países do capitalismo central, e na seguridade social legalmente instituída na Constituição brasileira, mostrei existir uma clivagem histórica entre assistência social e trabalho no capitalismo, que reservava a essa política social a proteção aos pobres incapacitados para o trabalho, enquanto a classe trabalhadora deveria buscar suas condições de sobrevivência no trabalho e direitos dele decorrentes. Tratei de mostrar que essa clivagem é permeada de contradições e provoca uma justaposição entre a assistência social e a previdência, porque regidas por lógicas distintas, mas destinadas a responder ao mesmo fenômeno, qual seja, a proteção em situação de não trabalho no capitalismo.

Na última década, aprofundei estudos que buscaram explicar os elementos determinantes da fragmentação da seguridade social no Brasil, com base na hipótese de que a execução desarticulada, autônoma e sob regras específicas das políticas de saúde, previdência e assistência social, em contexto de contrarreformas neoliberais e desestruturação do trabalho, solapou a possibilidade de consolidação da seguridade social pública no Brasil. A partir do Projeto Procad/Capes, iniciado em 2006, ampliei minhas pesquisas sobre a seguridade social existente em outros países da América Latina e Caribe, com intuito de identificar as determinações estruturais da economia nos países do capitalismo periférico e mostrar como a condição do trabalho impôs limites à universalização da seguridade social.

Tais determinações, que envolvem a relação capital/trabalho e estruturam a seguridade social a partir da lógica securitária-assistencial, foram agudizadas pelas políticas governamentais fundadas no neoliberalismo em toda a Europa e também na América Latina e Caribe, conforme demonstrei na pesquisa realizada na França entre 2011-2012 durante o pós-doutoramento.[3] Nessa pesquisa foi possível aprofundar a tese de que o fundo público é fortemente disputado em

3. O pós-doutorado foi realizado na EHESS, com bolsa da Capes.

período de crise do capitalismo, o que provoca processos de contrarreforma do Estado social na direção de desregulamentação e derruição dos direitos sociais, sobretudo aqueles vinculados ao trabalho, com consequente ampliação de prestações sociais de natureza assistencial, como estratégia de manutenção do consumo e reprodução ampliada do capital.

Ao longo dessa trajetória, acumulei leituras, reflexões, debates com colegas, discentes e profissionais que, com suas questões, instigaram-me ao aprofundamento desta relação em contexto de crise do capital. Este livro só poderia resultar desse trajeto e só poderia ser escrito e socializado neste momento do tempo presente. Momento que expressa o amadurecimento de minhas produções teóricas, adensadas com o que consegui incorporar até aqui da rica e complexa produção marxiana, que alçou minhas reflexões em um nível de criticidade que foi se intensificando *au fur et à mesure* das minhas processuais investidas no campo da tradição marxista. Por isso, trata-se de um livro que, embora singelo, esforça-se para sistematizar e explicitar meus posicionamentos teóricos e políticos no campo da compreensão do Estado social capitalista, pelo ângulo da relação entre assistência social e trabalho.

Apesar de reconhecer a importância histórica da assistência social como direito e, no caso brasileiro, sua inserção na seguridade social, estas reflexões buscam saber qual é o lugar dessa política social no conjunto da proteção social capitalista. Do ponto de vista teórico, identifica suas contradições e suas possibilidades de favorecer a classe trabalhadora, mas precisa seu significado e funcionalidade à acumulação capitalista, quando esta assume a função de reprodução ampliada da superpopulação relativa em contexto de exasperação do pauperismo e da precarização do trabalho. Do ponto de vista político-social, mostra que, em contexto de crise do capital, a assistência social é capturada pelas mais insidiosas estratégias conservadoras, que a superdimensionam como campo de proteção social, quando sua expansão, na verdade, consolida os processos de focalização do Estado social na franja mais pauperizada e expropriada da classe trabalhadora. Essa expansão da assistência social como principal estratégia de proteção social rebaixa a dimensão e o significado dos direitos e serviços públicos e favorece a transferência do fundo público ao capital. Em contexto de crise do capital, marcado pela bárbara destruição dos direitos do trabalho, essa expansão da assistência social não consolida a universalização do Estado social, como muitos querem nos fazer acreditar; antes, transmuta-o em espaço de submissão da classe trabalhadora às mais ignóbeis formas de exploração e condições de vida.

O Serviço Social em todo o mundo, e em especial no Brasil, sempre teve na política de assistência social um dos mais tradicionais espaços de intervenção profissional. Nesse sentido, as reflexões aqui realizadas, ainda que não abordem especificamente o trabalho desses profissionais, também intencionam contribuir com o debate sobre o significado da intervenção profissional no âmbito da assistência social, tendo como referência o Projeto Ético-Político construído pelos assistentes sociais brasileiros nas últimas décadas. O que desejo afirmar é que as críticas teóricas e políticas aqui empreendidas sobre as tendências da assistência social em contexto de crise do capital se situam na preocupação de não tratar a assistência social com o véu da "pseudoconcreticidade" do real. Trabalhar na política de assistência social ou militar na defesa do direito à assistência social requer, em minha opinião, conhecer sem disfarce suas possibilidades e limites, suas contradições e suas implicações para os direitos e a emancipação política.

Por isso, espera-se que essas reflexões auxiliem os profissionais do Serviço Social (e outros) a superar algumas confusões ainda predominantes. A primeira é a recorrente insistência de simbiose entre assistência social e Serviço Social. O Serviço Social não é assistência social e os/as assistentes sociais não podem e não devem subordinar a profissão e seu Projeto Ético-Político Profissional à Política de Assistência Social, ainda que nela atuem. Isso indica que o exercício das atribuições e competências profissionais deve se orientar pela intencionalidade de ampliar direitos, assegurar acesso a bens e serviços públicos de qualidade, e fazer da intervenção na assistência social um espaço de mediação para a luta pela igualdade de condições, e não favorecer o conformismo minimalista e o liberalismo da igualdade de oportunidade, que vem insidiosamente capturando a assistência social. O que se reafirma aqui é que o trabalho de assistentes sociais na Política de Assistência Social não pode se confundir, se balizar ou se submeter às normas e regras institucionais e/ou aos programas assistenciais governamentais. Ao contrário, são os valores, atribuições e competências ético-profissionais que devem dar direção e intencionalidade à política de assistência social.

A segunda confusão ainda predominante é o superdimensionamento da assistência social como campo de proteção social. Entendo e defendo que a assistência social é, e deve ser defendida, como uma política de seguridade social, que pode e deve compor um sistema de proteção social, mas não pode e não deve ser confundida com a proteção social em si, nem deve ser defendida como a política por excelência de enfrentamento à miséria e à pobreza, e muito menos deve trazer para si a responsabilidade de "promover a inserção no trabalho".

As/os assistentes sociais que atuam na Política de Assistência Social estão estrategicamente situadas/os no espaço em que se concretizam as mais perversas expressões da questão social, a destituição e expropriação das mais elementares condições de reprodução da vida. Explorar essas contradições para se insurgir contra elas coletivamente, em aliança com as organizações da classe trabalhadora, é o horizonte que, acredito, deve orientar o trabalho das/os assistentes sociais na perspectiva dos valores e princípios do Código de Ética Profissional. O trabalho cotidiano, para garantir acesso aos direitos sociais, econômicos e políticos, não pode se pautar na perspectiva de integração social, e nem de garantia de patamares mínimos, ou seja, não pode se render à minimização dos direitos sociais. A Assistência Social pode ser espaço de mediação para o acesso aos bens e serviços públicos, com o objetivo de fortalecer as lutas políticas organizadas de resistência à barbárie capitalista e como espaço de mobilização para defender a emancipação política. Para tanto, é preciso reconhecer suas potencialidades reais, mas também seu aprisionamento e funcionalidade às perspectivas conservadoras e neoliberais.

Orientada por essas preocupações, inicio o livro explicitando aos possíveis leitores qual é o sentido e o significado que atribuo ao Estado social e qual é a cidadania possível no contexto da emancipação política nos marcos da sociabilidade capitalista (capítulo 1). Em seguida, retomo e aprofundo o debate sobre as tensas e insolúveis relações de atração e rejeição entre assistência social e trabalho, situando-as no processo de reprodução ampliada do capital (capítulo 2). Por fim, discuto as particularidades dessa relação em contexto de crise do capital, de destruição dos direitos do trabalho e de expansão da assistência social, o que a desloca para o campo da reprodução da força de trabalho, matizando a histórica clivagem existente, mas reeditando a velha tensão sob novas configurações. Cabe aqui uma sinalização metodológica: embora as referências às experiências concretas transitem nas tendências da relação entre assistência social e trabalho nos países capitalistas da Europa e da América Latina e Caribe, não se trata de análise comparativa, mas de identificação de tendências universais em experiências singulares.

Sinalizo, desde logo, que alguns dos itens que compõem os capítulos se apoiam em textos já publicados, no período entre 2000 e 2014, o que está devidamente indicado no início de cada um deles. Entretanto, todos foram reescritos, atualizados ou aprofundados, de modo a inseri-los logicamente na estrutura deste livro. Por diferentes ângulos e abordagens, a dialética de "atração e rejeição" entre assistência social e trabalho no capitalismo permeia e se constitui como fio condutor na estruturação dos capítulos. Adverte-se, portanto, aos interessados no tema, que esta obra constitui, ao mesmo tempo, um processo de revisitação e, por vezes, revisão de minhas inquietações teórico-políticas.

Capítulo 1

O sentido de Estado social capitalista

Em algumas produções, sobretudo aquelas que marcam o início de minha trajetória acadêmica, designo o conjunto de políticas sociais capitalistas como "Welfare State" ou Estado de Bem-Estar Social, referenciada em autores nacionais ou internacionais[1] que adotam tal nomenclatura, ainda que com algumas distinções. Contudo, o contato com novas bibliografias antes desconhecidas e o aprofundamento de estudos e análises, sobretudo após o Doutorado, levou-me a rever o uso dessas terminologias para designar as políticas sociais instituídas no capitalismo contemporâneo após a crise de 1929. Desde final dos anos 1990, passo a utilizar o termo "Estado social" para me referir à regulação estatal das relações econômicas e sociais no capitalismo, que têm nas políticas sociais uma determinação central.

Não se trata somente de indicar uma escolha aleatória de nomenclatura, mas de assumir e explicitar uma posição teórico-política que busca precisar o sentido das políticas sociais no capitalismo. Posição esta já mencionada em alguns artigos e aqui abordada de modo mais aprofundado.

1. Os autores a que me refiro estão citados na bibliografia.

1.1 Por que Estado social?[2]

Cabe, desde logo, um registro de fundamental importância: designar de "Estado social" a regulação econômica e social efetivada pelo Estado no capitalismo tardio não significa atribuir ao Estado uma natureza anticapitalista, e menos ainda lhe atribuir qualquer intencionalidade de socializar a riqueza por meio de políticas sociais. Trata-se, ao contrário, de tentar lhe atribuir uma designação ou caracterização para demonstrar que o fato de assumir uma "feição" social por meio de direitos implementados pelas políticas sociais não retira do Estado sua natureza capitalista e nem faz dele uma instância neutra de produção de bem-estar.

Conforme já venho sinalizando, assumo a interpretação que a intervenção do Estado na regulação das relações capitalistas de produção sofreu enorme mudança desde a grande crise de 1929, quando o Estado passa a ser um ativo indutor das políticas keynesiano-fordistas. Nos países capitalistas da Europa ocidental, a intervenção estatal passou a ser crucial na definição de normas e regras e na garantia de fundo público necessários ao surgimento e desenvolvimento de amplas políticas sociais, que passaram a constituir novos sistemas de proteção social, antes inexistentes sob essa forma e designação. Tal perspectiva não coaduna com posições pluralistas que explicam o surgimento das políticas sociais como resultado exclusivo das ações das elites e nem se rende às perspectivas funcionalistas de inspiração marxista que explicam as políticas sociais como exclusiva invenção do Estado capitalista para subsumir a classe trabalhadora às relações capitalistas. A perspectiva assumida na análise de

2. Em 2002 escrevi um texto intitulado "Seguridade social: a armadilha dos conceitos", que integrava o projeto de pesquisa "A seguridade social dilapidada: elementos determinantes de sua fragmentação no Brasil", apoiado pelo CNPq. Esse texto foi publicado como item do artigo "Implicações da reforma da Previdência Social na seguridade social brasileira" na revista *Psicologia e Sociedade*. São Paulo, Abrapso, 2003b, e tinha o objetivo de qualificar a seguridade social e distingui-la de termos como *Welfare State*, *État Providence*, Estado de Bem-Estar Social. Retomo parcialmente este texto, com substanciais mudanças e destinado, agora, a qualificar o sentido do Estado social no capitalismo e não somente da seguridade social.

políticas sociais é a de que estas são resultado de relações contraditórias determinadas pela luta de classes, pelo papel do Estado e pelo grau de desenvolvimento das forças produtivas, conforme já explicitamos em livro que tive a oportunidade de escrever com Elaine Behring (Behring e Boschetti, 2006).

Significa reafirmar que as políticas sociais são conquistas civilizatórias que não foram e não são capazes de emancipar a humanidade do modo de produção capitalista, mas instituíram sistemas de direitos e deveres que, combinados com a instituição de tributação mais progressiva e ampliação do fundo público, alteraram o padrão de desigualdade entre as classes sociais, sobretudo a partir de sua expansão na segunda metade do século XX. Alterar o padrão de desigualdade não significa superar a desigualdade, mas provocar a redução das distâncias entre rendimentos e acesso aos bens e serviços entre as classes. Embora com imensas disparidades entre os países do capitalismo central e periférico, o desenvolvimento de políticas sociais passou a ser uma tendência geral das sociedades capitalistas, que instituíram sistemas de proteção social e passaram a assumir um papel fundamental na garantia das condições gerais de produção, por meio da socialização dos custos da produção (Gough, 1982; Mandel, 1982 e 1990; Wood, 2006).

Se esta é uma determinação fundamental e comum às políticas sociais no capitalismo, o mesmo não se pode afirmar sobre sua origem, processo de desenvolvimento, configuração e abrangência que definem o formato das experiências concretas. As experiências concretas são diversas porque se erigem na histórica relação entre o grau de desenvolvimento das forças produtivas, o papel do Estado e das classes sociais em cada país. Considera-se, portanto, que as condições nacionais atribuem aos sistemas de proteção social características e particularidades que os distinguem sem, contudo, suprimir sua morfologia estruturalmente capitalista.

Ainda que ações assistenciais públicas assumam organicidade legal desde o século XVII na Inglaterra e as primeiras iniciativas estatais de implantação de seguros sociais compulsórios datem do século XIX na Alemanha (Castel, 1995; Pierson, 1991; Boschetti, 2003a), só se pode falar em sistemas de proteção social públicos a partir da regulação estatal que passa a se materializar após a crise de 1929 e se expande após a Segunda Guerra Mundial. Isso porque um sistema de proteção social não é somente a justaposição de programas e políticas sociais, e tampouco se restringe a uma política social, o que significa dizer que a existência de políticas sociais em si não constitui um sistema de proteção social. O que configura a existência de um sistema de proteção social é o conjunto organizado, coerente, sistemático, planejado de diversas políticas sociais, financiado pelo fundo público e que garante proteção social por meio de amplos direitos, bens e serviços sociais, nas áreas de emprego, saúde, previdência, habitação, assistência social, educação, transporte, entre outros bens e serviços públicos. Tem como premissa o reconhecimento legal de direitos e a garantia de condições necessárias ao exercício do dever estatal para garanti-los.

Apesar das divergências teóricas e políticas que podem ser observadas entre pesquisadores dessa temática,[3] não há dissenso quanto ao reconhecimento que a articulação das políticas sociais em um sistema integrado de regulação social e econômica, comumente designado de "sistema de proteção social", passa a ser um componente fundamental das medidas anticrise após a crise de 1929. Nos países capitalistas da Europa ocidental, sob orientação keynesiana e beveridgiana,[4] em contexto de produção fordista,[5] as políticas sociais

---

3. Pierson (1991), por exemplo, data o surgimento do *Welfare State* no período entre 1880-1920, com o surgimento dos primeiros seguros e generaliza uma periodização para a Europa, afirmando que os anos 1918-1940 foram de consolidação e desenvolvimento e os anos 1945-1975 corresponderam à idade do ouro do *Welfare State*.

4. Os clássicos textos de Keynes e Beveridge, publicados respectivamente em 1936 e 1942 na Inglaterra, foram decisivos na constituição de políticas econômicas e sociais que tinham o objetivo de regular o capitalismo, garantir o consumo e assegurar as taxas de lucro.

5. O fordismo marca o surgimento da produção em série (produção em massa para consumo de massa) com vistas à ampliação da produção em menor espaço de tempo e extração dos lucros por meio da intensificação do trabalho e exploração da força de trabalho dos operários. Tem origem nas fábricas de Henry Ford, nos Estados Unidos, a partir da década de 1914. Cf. Harvey (1993, 2004), Gramsci (2001). Ótima síntese está em Netto e Bráz (2006).

passam a estruturar um complexo (e eficiente, do ponto de vista capitalista) sistema público de garantia de (quase) pleno emprego, de demanda efetiva e de direitos e serviços sociais que asseguram condições de bem-estar até então inexistentes, mesmo em situação de ausência de emprego (Behring e Boschetti, 2006).

Estes sistemas de proteção social se desenvolveram largamente após 1945, estruturados sobre os pilares da regulação do mercado pelo Estado, assentados na garantia de oferta de serviços e demanda efetiva de consumo, sendo as políticas sociais uma importante estratégia de manutenção do "pleno" emprego e ampliação do consumo. Por um lado, elas contribuíram enormemente na criação de empregos, ao instituir bens e equipamentos públicos, como hospitais, escolas, moradias, centros de assistência social, instituições de administração e gestão das políticas sociais. Por outro, contribuíram no aumento do consumo, pois permitiam liberar parte dos rendimentos salariais para ativar o gasto com aquisição de mercadorias. Também sustentaram o consumo daqueles que não podiam trabalhar (em decorrência da idade, desemprego, doença) por meio de prestações monetárias, ditas de substituição ou complementação de renda (aposentadorias, pensões, auxílios e programas de assistência social). As políticas sociais, organizadas em sistemas de proteção social foram, portanto, importantes estratégias de sustentação do crescimento econômico verificado no período de predomínio da regulação fordista-keynesiana, entre a década de 1940 e a década de 1970 (Castel, 1995; Palier, 2005; Behring e Boschetti, 2006). É a esse conjunto de políticas sociais, articuladas às políticas econômicas, que assegurou o quase pleno emprego, ou uma sociedade salarial nos termos de Castel (1995), nos países do capitalismo central europeu, bem como possibilitou o acesso amplo a direitos e serviços públicos de educação, saúde, previdência e assistência social, que se designa como Estado social capitalista.

As prestações sociais monetárias (em forma de aposentadorias, pensões, seguro desemprego, assistência social em situações específicas) passam a assumir a função de garantir um rendimento em situações de ausência de salário. Essa condição é interpretada de diferentes maneiras, conforme a abordagem teórico-política adotada. Para Polanyi (1980), essa forma de proteção social liberou os indivíduos das "puras" leis do mercado. Para Castel (1995/1998),[6] instituiu uma "propriedade social" intransferível e indisponível para venda no mercado. Para Esping-Andersen (1991, 1999, 2010), possibilitou a "desmercantilização" de certos bens e serviços. Na perspectiva marxista, como a de Mandel (1982, 1990) e Gough (1982), o sistema de proteção social que se erigiu na forma de Estado social capitalista assegura a reprodução ampliada do capital.

O reconhecimento dos direitos sociais e, sobretudo, sua universalização nos sistemas de proteção social capitalista, seja em forma de bens e serviços, seja em forma de prestações sociais monetárias, possibilitou a melhoria das condições de vida, certa redução das desigualdades sociais e certa distribuição do fundo público. Mas, certamente, não desmercantilizou as relações sociais, que continuam regidas pelas relações capitalistas fundadas na produção socializada e na apropriação privada de seus resultados.

O que se denomina aqui de Estado social capitalista, portanto, é o Estado que, no capitalismo tardio (Mandel, 1982), assume importante papel na regulação das relações econômicas e sociais, tendo por base a constituição de um sistema de proteção social de natureza capitalista, assentado em políticas sociais destinadas a assegurar trabalho, educação, saúde, previdência, habitação, transporte e assistência social.

Mas, por que o uso da categoria Estado social, e não *Welfare State, État Providence,* Estado de Bem-Estar Social? Sabe-se que um conceito é comumente entendido como caracterização, concepção, ou definição de algo. Assume a propriedade de definir e/ou evidenciar as características gerais e específicas de um fenômeno. Destina-se a

---

6. Todas as citações de Castel com indicação dos anos de 1995-1998 se referem genericamente ao livro *Metamorfoses da questão social,* pois utilizo tanto a versão em francês (1995) quanto a tradução brasileira (1998). Quando faço uma citação literal, indico somente o ano e a página da edição em que foi extraída.

explicar, descrever, demonstrar e caracterizar um fenômeno da realidade. Os conceitos tendem a ser formulações abstratas, no campo das representações que buscam definir um fenômeno a partir de sua compreensão, que pode ou não partir de observações empíricas. O uso de expressões como *Welfare State*, *État Providence* e Estado de Bem-Estar Social, na maioria das vezes, assume esse sentido de conceito teórico para explicar ou designar o conjunto de políticas sociais empreendidas pelo Estado após a Segunda Guerra Mundial, sob a regulação keynesiana. Com raras exceções, os estudos e pesquisas apontam seus limites e possibilidades, indicam sua abrangência, descrevem suas dimensões, configurações, financiamento e impacto na redução das desigualdades, mas poucos desenvolvem explicações sobre sua verdadeira essência ou natureza capitalista. Em outras palavras, tratados como conceitos em si mesmos, essas expressões explicam o surgimento e desenvolvimento das políticas sociais, trazendo em sua designação um sentido já definido aprioristicamente e conceitualmente de "bem-estar" social. Ou seja, traz em si a representação que a regulação econômico-social estatal capitalista estabeleceu um Estado que é, inquestionavelmente, de bem-estar social. Esta caracterização não é desprovida de intencionalidade e, sob o manto do bem-estar, omite a verdadeira natureza das ações sociais do Estado capitalista.

Conceitos como *Welfare State*, *État Providence* e Estado de Bem-Estar Social foram forjados historicamente para definir, explicar e justificar um suposto Estado capaz de assegurar o bem-estar, a proteção social e a igualdade social no capitalismo. Sob estas definições jaz uma perspectiva que sustenta a sociabilidade capitalista assentada nos direitos sociais burgueses. O que se intenta, com o uso do termo Estado social para designar a regulação econômico-social por meio de políticas sociais, é atribuir ao Estado capitalista suas determinações objetivas, sem mistificações, ou seja, mostrar que a incorporação de feições sociais pelo Estado não retira dele sua natureza essencialmente capitalista. É a tentativa de conhecer o Estado social capitalista "como ele é em si mesmo, na sua existência real e efetiva, independentemente dos desejos, das aspirações e das representações do pesquisador", como explica Netto (2009, p. 673) ao discorrer sobre a teoria como uma modalidade peculiar de conhecimento nos termos marxianos. A intenção aqui é tratar o Estado social como uma categoria e não como um conceito. É ir além de sua expressão fenomênica e entender o Estado social como uma categoria determinante das relações capitalistas, já que as categorias são

> (...) objetivas, reais (pertencem à ordem do ser — são categorias ontológicas); mediante procedimentos intelectivos (basicamente, mediante a abstração), o pesquisador as reproduz teoricamente (e assim, também pertencem à ordem do pensamento) — são categorias reflexivas). Por isso mesmo, tanto real quanto teoricamente, as categorias são históricas e transitórias: as categorias próprias da sociedade burguesa só têm validade plena no seu marco (...). (Netto, 2009, p. 687-686)

O uso da categoria Estado social não atribui a priori nenhuma avaliação valorativa sobre sua condição de "bem-estar" ou de "mal-estar". Apenas qualifica uma dimensão da ação do Estado no capitalismo. Será a análise empreendida que demonstrará a natureza capitalista desse Estado que se forjou no processo histórico-social como elemento imprescindível na reprodução do capital.

Por outro lado, os conceitos *Welfare State, État Providence* e Estado de bem-estar social, aceitos quase universalmente como definições da ação social do Estado, sem grandes questionamentos, possuem características históricas próprias e específicas da nação em que se materializam. Mesmo que sua concretude nacional possa apontar para fenômenos semelhantes, sua utilização não apresenta uma simples distinção vernacular.[7] Os termos expressam particularidades de cada

---

7. Um exemplo da dificuldade vernacular está expressa nas traduções de obras anglo-saxônicas. O termo *Welfare State* é traduzido em algumas obras brasileiras e espanholas como Estado de Bem-Estar e Estado de Bienestar (cf. tradução do livro de Norman Johnson/1990 e Ian Gough/1982 citados na bibliografia). Já em algumas obras portuguesas, esse mesmo termo é traduzido como "Estado Providência" que, por sua vez, origina-se do francês "État Providence".

nação a que se referem e, em sua maioria, designam positivamente a intervenção capitalista do Estado na área social. Grande parte da literatura brasileira sobre política social utiliza esses termos como sinônimos. No entanto, as designações utilizadas em diferentes países não possuem o mesmo sentido, porque impregnadas de historicidade e especificidades e sua simples tradução acaba gerando confusão na explicitação dos fenômenos que pretendem apreender. Por isso, a distinção apresentada a seguir busca explicitar o sentido histórico e político destes conceitos nos países que lhe deram origem, com o intuito de fundamentar o uso do termo Estado social como categoria mais apropriada para explicar a natureza do Estado capitalista que se erigiu após a crise de 1929 e se expandiu após a Segunda Guerra Mundial nos países do capitalismo central e periférico.

Uma primeira distinção importante a ser destacada é entre os conceitos *Welfare State* (anglo-saxão), *État Providence* (francês) e *Sozialstaat* (alemão). São conceitos elaborados em cada nação para designar determinadas formas de intervenção estatal na área social e econômica e muitas vezes incorporados ou traduzidos sem o devido cuidado na sua precisão e explicitação. É comum encontrar na literatura anglo-saxônica a utilização do termo *Welfare State* para designar genericamente os países que implementaram políticas sociais sob a orientação fordista-keynesiana, ainda que os próprios não se caracterizem como tal, como é o caso da França e da Alemanha. Também é usual encontrar na literatura brasileira esse mesmo movimento, ou então utilizar sua tradução (Estado de Bem-Estar) para explicar a realidade brasileira. Encontra-se ainda, mas de modo menos frequente,

---

Outros autores, como Varela (2012) também utilizam o termo Estado social, a exemplo do livro *Quem paga o Estado social em Portugal?*, mas alguns artigos desse mesmo livro também utilizam a expressão Estado Providência como sinônimo de Estado social. A maioria das obras francesas, ao se referir ao seu sistema de proteção social, utiliza "État Providence", mas ao se referir ao sistema dos países anglo-saxões, utiliza a expressão original *Welfare State*. Exceção na produção francesa, Castel (1995-1998) e Merrien (2005) adotam o termo "État Social". No Relatório Beveridge, publicado em 1943 no Brasil, a expressão "social security" foi traduzida como segurança social. Nesse texto, para evitar as armadilhas das traduções, iremos manter as expressões em seu idioma original.

também a utilização do termo Estado Providência para designação genérica da ação social do Estado capitalista.[8]

A primeira precisão a ser feita é que a categoria Estado social adotada aqui para designar a regulação social do Estado capitalista não deve ser confundida com seu equivalente utilizado na Alemanha. Nesse país, berço dos seguros sociais bismarckianos, ou seja, da garantia compulsória de prestações de substituição de renda em momentos de risco derivados da perda do trabalho assalariado, a expressão *Sozialstaa*t (Estado social) é utilizada para designar o conjunto de políticas de proteção social que inclui os seguros sociais, mas não se restringe a eles (Kott, 1995). Por outro lado, o termo *Wohlfahrstaat*, que seria a tradução literal de *Welfare State*, era empregada na Alemanha desde 1870 no Manifesto de Eisenach por simpatizantes socialistas chamados de "socialistas de poltrona" pelos liberais,[9] que adotaram a expressão para qualificar as reformas sociais propostas por Bismarck. Também era utilizada pelos historiadores alemães para designar aspectos que consideravam positivos da ação da polícia nos governos alemães do século XVIII destinada a regular preços e que era criticada por Adam Smith (Rosanvallon, 1981, p. 141).

Para a autora alemã Kott (1995), as primeiras leis que instituem os seguros obrigatórios para algumas poucas categorias profissionais sob o governo de Bismarck — Lei do Seguro Saúde (1883) e Lei do Seguro contra Acidentes de Trabalho (1884) — foram precedidas por uma série de legislações municipais pontuais que asseguravam assistência social aos pobres. Segundo ela, uma das funções dos seguros sociais foi "responder ao crescimento do número de indigentes que,

8. A polêmica sobre a utilização genérica do termo, ou como identificar se um país é ou não um *Welfare State* está presente em vasta literatura. Para citar os autores mais conhecidos, ver Titmuss (1974), Flora e Heidenheimer (1981), Esping-Andersen (1991), Gough (1982), Mishra (1995), Rosanvallon (1981), Dumont (1995), Murad (1993), Filgueira (1997). No Brasil, as autoras precursoras na adoção da expressão *Welfare State* e sua tradução Estado de Bem-Estar são Aureliano e Draibe (1989); Draibe (1990), Vianna (1994, 1999).

9. O termo "Socialismo de poltrona", segundo Rosanvallon (1981, p. 151), foi cunhado por liberais adversários dos socialistas que participaram no Congresso de Eisenach, ocorrido em 1872, e que em sua maioria eram professors, economistas, juristas e funcionários.

segundo as autoridades municipais, provocavam uma carga excessiva para os centros de assistência municipais destinados a socorrer os pobres" (Kott, 1995, p. 16). As primeiras instituições assistenciais de socorro aos pobres que abrigavam inválidos e indigentes eram os hospitais, os hospícios e os centros assistenciais de socorro aos pobres. A primeira legislação alemã responsabilizando as prefeituras a socorrer os pobres com residência superior a 3 anos data de 1842. Para limitar o acesso de trabalhadores pobres à assistência social, as prefeituras começam a substituir a assistência social por seguros e incitam os trabalhadores a contribuir ao seu financiamento. Uma lei nacional de 1845 autoriza as prefeituras a obrigarem os trabalhadores a contribuir e começa a instituir a clivagem presente ainda hoje entre trabalho, seguro e assistência social. Essa lei de 1845, segundo Kott (1995, p. 27), "introduz pela primeira vez uma obrigação de seguro social, verdadeira substituição à obrigação de assistência municipal". Na interpretação da autora, as legislações sobre os seguros sociais obrigatórios de 1883 e 1884 têm sua origem na tradição assistencial anterior: "É a esta legislação particular existente na Alemanha do Sul que se deve atribuir a manutenção, na lei de 1883, do seguro municipal. Sua natureza subsidiária, e sobretudo seu funcionamento, remete à esta tradição assistencial" (Kott, 1995, p. 30).

Desde sua origem, o *Sozialstaat* alemão assentou-se na tensa relação entre assistência social e seguro, entre os propósitos de vincular os direitos dos trabalhadores ao trabalho obrigatório e, assim preservar a força de trabalho, ou proteger os trabalhadores da indigência por meio da assistência social. No *Sozialstaat* predominou largamente a expansão dos seguros sociais, tidos como a matriz do "modelo bismarckiano" de proteção social. Contudo, a expansão desse modelo, e sua quase universalização, não eliminou a assistência social e a primeira Lei de Seguro-Saúde de 1883 mantém a tradição da assistência: "A diversidade da tradição legislativa sobre a qual se construiu a lei de 1883 explica sua complexidade e a permanência em seu seio do regime assistencial, frequentemente apresentado como contraditório com a lógica mesma do seguro" (Kott, 1995, p. 31).

O reconhecimento dos direitos de seguro saúde e acidente de trabalho como direitos nacionais obrigatórios e sua expansão a todas as categorias de trabalhadores se deu em contexto de luta de classes e divisão do movimento operário alemão. A criação do Partido Operário Socialista da Alemanha em 1875,[10] visto como ameaça ao governo de Bismarck, leva este a aprovar a "Lei Contra Socialistas" em 1878, que proíbe toda organização e manifestação socialista. A nacionalização compulsória do seguro saúde em 1883 é apresentada pelo governo como aspecto positivo em contraposição à lei antissocialista, pois se destinava a garantir a melhoria das condições de vida da classe trabalhadora sem "revolução". O *Sozialstaat* nascente significa, portanto, a institucionalização e o deslocamento da "questão social"[11] para o campo da política legislativa, conforme anuncia a autora (Kott, 1995, p. 73).

O programa do Partido Operário Socialista da Alemanha, duramente criticado por Marx em *Crítica do Programa de Gotha*, indica a posição que será assumida por parte dos socialistas que virão a constituir a social-democracia, para quem as legislações sociais avançariam na direção do socialismo por meio do Estado. Para Kott (1995, p. 73-74), apesar de os socialistas/social-democratas votarem contra a legislação social bismarckiana, defendendo que "a melhor política social é aquela que ataca mais diretamente o processo de produção e coloca em xeque o funcionamento do capitalismo (...), os socialistas não se opõem radicalmente à intervenção do Estado na questão social".

10. O Partido Operário Socialista da Alemanha, que posteriormente passou a ser chamado Partido Social Democrata Alemão, nasceu da fusão de dois partidos operários: a Associação Geral dos Trabalhadores Alemães (ADAV, sigla alemã) criada em 1863 por Ferdinand Lassalle, que dialogava secretamente com o governo de Bismarck e tinha por base a ideia de socialismo Estatal; e o Partido Operário Social-Democrata (SDAP) fundado em 1869 por August Bebel e Wilhelm Liebknecht, próximos de Marx e Engels (Kott, 1995, p. 71). As polêmicas relativas à fusão e ao Programa do novo partido e a dura crítica de Marx estão em *Crítica do Programa de Gotha* (1875), para quem o Programa demonstrava uma "credulidade servil no Estado", conforme sinaliza Michael Löwy no prefácio à edição brasileira da *Crítica do Programa de Gotha* publicado pela Boitempo em 2012 (p. 11).

11. Sobre a relação entre pauperismo, "questão social" e acumulação do capital, consultar Netto (2001); Mota (2008); Maranhão (2008); Iamamoto (2008).

Para a autora, sua hostilidade à política social bismarckiana decorria de desacordos sobre sua natureza e funções e não sobre sua existência. Os socialistas/social-democratas afirmavam que a insuficiência das prestações de seguro social as assemelhava à assistência tradicional e não passava de um magro paliativo. Os socialistas/social-democratas exigiam do Estado legislações de regulação do trabalho e apresentaram várias proposições nessa direção: seguro acidente de trabalho para todos os trabalhadores, jornada de 10 horas, proibição do trabalho aos domingos e feriados, proibição do trabalho de mulheres em algumas condições, e controle dos regulamentos das fábricas (Kott, 1995, p. 73).

De fato, estas proposições se assemelham às reivindicações constantes no Programa de Gotha,[12] criticado duramente por Marx[13] pela sua adesão a valores burgueses, pela "influência lassalliana", pela sua concepção burguesa de trabalho, de direito igual, de justa distribuição, de Estado livre, de subvenção estatal para "solucionar" a "questão social". O texto do programa dizia: "O Partido Operário Alemão exige, *para conduzir à solução da questão social*, a criação de cooperativas de produção com *subvenção estatal e sob controle democrático do povo trabalhador*". Sobre essa programática, Marx é certeiro e absoluto:

> O lugar da luta de classes existente é tomado por uma fraseologia de escrevinhador de jornal — a *questão social*, a cuja *solução* se *conduz*. A organização socialista do trabalho total, em vez de surgir do processo revolucionário de transformação da sociedade, surge da *subvenção estatal*, subvenção que o Estado concede às cooperativas de produção *criadas* por *ele*, e não pelos trabalhadores. É algo digno de presunção

---

12. Para o texto completo do Programa de Gotha, consultar o esclarecedor livro organizado pela Boitempo (2012), que reúne a *Crítica do Programa de Gotha*, de Marx, cartas trocadas entre Engels, Bebel, Bracke e Kautsky, e os programas da social-democracia alemã.

13. Na carta de Marx a Bracke (5/5/1875), enviando suas notas críticas ao programa de coalização dos dois partidos operários, Marx afirma: "Depois da realização do congresso de coalizão, Engels e eu publicaremos uma curta nota, esclarecendo que nos distanciamos totalmente desse programa de princípios e não temos nada a ver com ele" (p. 20).

de Lassalle imaginar que, por meio de subvenção estatal seja possível construir uma nova sociedade da mesma forma que se constrói uma nova ferrovia. (Marx, 2012, p. 39-40; grifos do autor)

Marx não só denuncia o caráter reformista do Partido Operário Alemão, como acusa sua traição aos valores socialistas: "Apesar de toda sua estridência democrática, o programa está totalmente infestado da credulidade servil no Estado que caracteriza a seita lassalliana, ou, o que não é melhor, da superstição democrática, ou, antes, consiste num arranjo entre esses dois tipos de superstição, ambos igualmente distantes do socialismo" (Marx, 2012, p. 46). A história mostrou a certeira análise de Marx. O *Sozialstaat* alemão, forjado a partir destas primeiras legislações sociais, tornou-se referência mundial dos sistemas capitalistas de proteção social regidos pela lógica do seguro, como as aposentadorias, pensões, seguro-saúde, seguro acidente de trabalho, seguro-desemprego. O *Sozialstaat* avançou para além dos seguros sociais e incorporou os direitos à educação universal, habitação e seguridade social que, por sua vez, engloba a saúde e a assistência social, além dos seguros. Apesar de sua expansão, não instituiu um sistema de seguridade social universal, com prestações uniformes a todos. Os regimes de seguros sociais obrigatórios, organizados por categoria profissional, cujas prestações dependem do montante e do tempo de contribuição do segurado, deixavam entre 1% e 5% da população excluída do acesso a um dos regimes existentes na década de 1990 (Dumont, 1995, p. 4), e essa situação se agravou com a crise e as contrarreformas recentes (Boschetti, 2012a). Contrariamente às convicções reformistas social-democratas, o *Sozialstaat* alemão não enfraqueceu o capitalismo e nem levou ao socialismo. Bem ao contrário, se revelou um instrumento de reprodução ampliada do capital. Os seguros obrigatórios nascidos na Alemanha, destinados inicialmente a reduzidas categorias profissionais, espalham-se no final do século XIX e início do século XX por toda a Europa de tal modo que, em 1938, entre 30 países da Europa, Ásia, Américas e Australásia, 20 tinham seguro compulsório contra doença, 24 possuíam alguma forma de aposentadoria contributiva, quase todos tinham planos para atender acidentes no trabalho e moléstias industriais, somente 8 tinham seguro obrigatório contra o desemprego e apenas 3 cobriam as três situações de riscos: doença, velhice e desemprego (Marshall, 1967a, p. 81).[14]

Essa modalidade de proteção social alemã, contudo, não tinha caráter universal e nem recebia a designação de *Welfare State*. O que parece marcar a emergência do *Welfare State* é justamente a ampliação da lógica securitária e a incorporação de um conceito ampliado de seguridade social na Inglaterra, que provocou mudanças significativas no âmbito dos seguros sociais até então predominantes. Mishra (1995, p. 113),[15] ao qualificar o *Welfare State*, explicita que o conceito com o qual trabalha é "uma abstração dos princípios e instituições subjacentes ao Estado-Providência inglês do pós-guerra, influenciado pelas ideias de J. M. Keynes e W. Beveridge". Ao datar histórica e geograficamente o surgimento do fenômeno que passa a ser designado como *Welfare State*, o autor busca distingui-lo da compreensão genérica de política social. Para o autor, não são todas e quaisquer formas de política social que podem ser designadas de *Welfare State*: "(...) é de certo modo enganador, na minha opinião, utilizar o termo 'política social' como quase equivalente a 'Estado-Providência'. A 'política social', parece-me, é um conceito genérico, enquanto o Estado-Providência tem uma conotação histórica (pós-guerra) e normativa ('institucional') bastante específica, que não podemos ignorar" (Mishra, 1995, p. 113). Os princípios que estruturam o *Welfare State*, segundo

---

14. Marshall faz essa análise a partir do Relatório Beveridge, que apresenta, no Apêndice F, p. 287, a relação e a situação de 30 países, sem incluir a Inglaterra. Essas informações já foram parcialmente socializadas no livro *Política social: fundamentos e história*.

15. A versão original do livro de Mishra foi publicada em 1990 com o título *The Welfare State in capitalist society — policies of retrenchement and maintenance in Europe, North America and Australia*. Esse texto foi traduzido para uma edição portuguesa em 1995, com o título *O Estado-Providência na Sociedade Capitalista: políticas públicas na Europa, América do Norte e Austrália*. Oeiras, Celta Editora. Observe-se que o termo original *Welfare State* foi traduzido na edição portuguesa como Estado-Providência.

o autor, são aqueles apontados no Plano Beveridge:[16] 1) responsabilidade estatal na manutenção das condições de vida dos cidadãos, por meio de um conjunto de ações em três direções: regulação da economia de mercado a fim de manter elevado nível de emprego; prestação pública de serviços sociais universais, como educação, segurança social, assistência médica e habitação; e um conjunto de serviços sociais pessoais; 2) universalidade dos serviços sociais; e 3) implantação de uma rede de segurança de serviços de assistência.

Nesta mesma linha de raciocínio, Johnson (1990, p. 17) também define o *Welfare State* a partir da experiência iniciada na Inglaterra, apontando as principais mudanças ocorridas e que definiriam o que é o *Welfare State*: 1) a introdução e ampliação de serviços sociais onde se inclui a seguridade social, o serviço nacional de saúde, os serviços de educação, habitação, emprego e assistência aos idosos, inválidos e crianças: 2) a manutenção do pleno emprego; 3) um programa de nacionalização. Segundo Marshall (1967a) é um equívoco confundir o *Welfare State* anglo-saxão com o Plano Beveridge ou atribuir exclusivamente a Sir William Beveridge a autoria do sistema inglês. Segundo esse autor, não se pode dissociar o surgimento do *Welfare State* das circunstâncias vividas pela Inglaterra na Segunda Guerra Mundial:

> A magnitude de seu esforço de guerra e sua vulnerabilidade ao ataque exigiram sacrifícios de todos e, igualmente, assistência concedida, de bom grado e sem discriminação, a todos os que passavam necessidade. (...) E a estabilidade política do país, combinada com sua confiança inabalável na vitória, explicam a característica mais notável da história, a saber, a maneira pela qual o povo e seu governo, no decorrer da

---

16. O Plano Beveridge foi publicado no Brasil em 1943, com o título *O Plano Beveridge: relatório sobre o seguro social e serviços afins*. O título original é *Social Insurance and allied service. The Beveridge report in brief*. London, 1942. No texto original em inglês, a expressão utilizada é *social security*. Na tradução brasileira, assim como portuguesa, o termo utilizado é "segurança social". No Brasil, lembre-se que o termo seguridade social só foi cunhado a partir da Constituição de 1988.

> guerra, meteram mãos à obra de elaborar o projeto de uma nova sociedade (...) orientada pelos mesmos princípios de reunião e da partilha que orientaram as medidas de emergência da guerra. Desse modo, a ideia do Estado de Bem-Estar Social[17] veio a identificar-se com os objetivos de guerra de uma nação que lutava por sua sobrevivência. (Marshall, 1967a, p. 95)

Os três pilares do que passou a constituir o *Welfare State* inglês — educação, seguros e saúde — foram confiados a três comissões que apresentaram, cada uma, um plano para essas áreas. Afirma Marshall sobre este processo:

> A Lei de Educação, a Lei de Seguro Nacional e a Lei de Serviço Nacional de Saúde se constituíram nas três vigas-mestras do Estado de Bem-Estar Social britânico. Estão associadas com os nomes de Butler, Beveridge e Bevan — um conservador, um liberal e um socialista. (...) não é de se surpreender que se verifique que o Estado do Bem-Estar Social, quando finalmente veio à luz, era de parentesco misto. (Marshall, 1967a, p. 111)

O liberal sir Beveridge, assim, torna-se o autor de um aspecto do *Welfare State* inglês, qual seja, a seguridade social, como indica em seu relatório *Social Insurance and Allied Services*.[18] Na interpretação de Marshall, o Plano Beveridge consistiu em fazer uma fusão das medidas esparsas já existentes, ampliar e consolidar os vários planos de seguro social, padronizar os benefícios e incluir novos benefícios como seguro acidente de trabalho, abono familiar ou salário-família, seguro-desemprego e outros seis auxílios sociais: auxílio-funeral, auxílio-

---

17. Na edição original, de 1965, o termo utilizado é *Welfare State*. A publicação brasileira, de 1967, traduz o termo para Estado de Bem-Estar Social. O belo filme de Ken Loach "O Espírito de 45" (título original: The Spirit of '45), de 2013, mostra o espírito da época e apoio da classe trabalhadora ao *Welfare State*, até sua derrocada pelo neoliberalismo tatcheriano na década de 1970.

18. No relatório, Beveridge utiliza os termos "social insurance" e "social security" (seguridade social) indiscriminadamente, como sinônimos.

-maternidade, abono nupcial, benefícios para esposas abandonadas, assistência às donas de casa enfermas e auxílio-treinamento para os que trabalhavam por conta própria (Beveridge, 1942, p. 7-9; Marshall, 1967a, p. 99).[19] Cabe ainda precisar que o termo *social security*, popularizado e universalizado após sua incorporação no Plano Beveridge, contudo, foi utilizado oficialmente pela primeira vez nos Estados Unidos, em 1935, pelo governo Roosevelt em seu *Social Security Act*, mas com sentido bastante restritivo em relação àquele atribuído posteriormente por Beveridge (Rosanvallon, 1981; Lesemann, 1988).

O que se observa é que o *Welfare State*, uma das expressões mais utilizadas a partir de meados do século XX, para designar o conjunto de políticas sociais que se erigiram com base no modelo fordista-keynesiano, é utilizado, muitas vezes, de modo impreciso, seja para designar todo e qualquer tipo de política social implementada, seja para reduzir seu escopo à esfera de políticas específicas. Exemplo desta última possibilidade é o trabalho de Marques (1997, p. 23), quando define *Welfare State* como "(...) um conjunto de políticas sociais desenvolvido pelo Estado no intuito de prover a cobertura dos riscos advindos da invalidez, da velhice, da doença, do acidente de trabalho e do desemprego". Nessa definição, o *Welfare State* é restrito à política que, no Brasil, denominamos previdência social e que, nos países europeus, é frequentemente designada como seguro social. A própria autora explica sua opção pelo uso restrito do termo:

> Alguns autores, tais como Wilensky, ampliam este conceito ao agregarem, entre outras, a habitação e a educação, como áreas de atuação do "welfare". Preferiu-se usar a definição restrita porque, na maioria dos países, as políticas de renda de substituição e de cuidados com a saúde são consideradas, tanto do ponto de vista do volume de recursos envolvidos como das políticas desenvolvidas, o principal objeto de ação do Estado em matéria de proteção social. (Marques, 1997, p. 23)

---

19. Observe-se como muitos desses benefícios estão (ou estiveram) presentes na previdência social brasileira. Em Boschetti (2006) mostro a influência do Plano Beveridge no desenvolvimento da Seguridade Social no Brasil.

Esta afirmação suscita ao menos duas observações. Primeiro, as políticas de substituição de renda (sejam sob a forma de seguros ou de assistência social) e a atenção à saúde podem ser pilares do *Welfare State*, mas não são as únicas, de modo que esta perspectiva restringe o escopo da proteção social. Segundo, a limitação do *Welfare State* aos seguros sociais nega o próprio movimento histórico inglês de atribuir ao *Welfare State* uma dimensão bem mais ampla que os seguros. Não importa aqui, especificamente, discutir o conceito utilizado por um ou outro autor, mas sinalizar como as imprecisões existentes podem levar a interpretações e compreensões equivocadas ou limitadas sobre o papel do Estado capitalista na garantia de políticas sociais como mediação na reprodução do capital.

Apesar das "armadilhas" na tradução dos conceitos, constata-se que a expressão *Welfare State* surge e se generaliza a partir de sua utilização na Inglaterra na década de 1940, e designa uma configuração específica de políticas sociais. A seguridade social integra o *Welfare State*, mas não se confunde com ele. Por outro lado, a seguridade social também pode apresentar características e abrangência diferenciadas, de acordo com as especificidades de cada país, podendo limitar-se aos seguros ou incorporar outras políticas sociais. Se existe consenso que a expressão *Welfare State* origina-se na Inglaterra, o mesmo não se pode afirmar quanto à sua utilização como referência para todos os países europeus. Autores como Meny e Thoenig (1989), por exemplo, mesmo reconhecendo que a expressão nasce na Inglaterra, afirmam que uma visão ampliada de *Welfare State* o concebe como todo esforço do Estado para modificar as condições do mercado e proteger os indivíduos das consequências econômicas e sociais e, nesse sentido, ações públicas nesta direção, ainda que "rudimentares", seriam originárias do século XIX e se ampliariam no século XX (1989, p. 25). Mas também reconhecem que a expressão *Welfare State* seria mais apropriada para designar a generalização destas ações após a Segunda Guerra Mundial.

As reservas na utilização generalizada do conceito *Welfare State* são mais marcantes na literatura francesa, de onde é possível extrair algumas conclusões quase consensuais entre os autores. A primeira é que os conceitos possuem profunda ligação com a historicidade de cada nação. Nesse sentido, a maioria da literatura não incorpora o termo *Welfare State* para designar o sistema de proteção social francês, preferindo utilizar a expressão *État Providence* como uma referência à *"representação de um Estado providencial, construído no século dezenove"* (Renard, 1995, p. 13). A expressão foi forjada por pensadores liberais contrários à intervenção do Estado, justamente para criticar a ação estatal que se atribuía uma "sorte de providência" (Rosanvallon, 1981, p. 141). O conceito francês *État Providence*, em sua acepção atual, assemelha-se ao conceito inglês *Welfare State* ao incorporar a ideia da responsabilidade estatal na regulação do mercado, com vistas a responder a situações de riscos pessoais e sociais. Mas, difere tanto no sentido mesmo da expressão (enquanto o primeiro tem uma conotação positiva de bem-estar, o segundo está associado à ligação entre Estado e Providência) quanto na definição de sua emergência. Para os autores franceses, o *État Providence* nasce em 1898, com a primeira Lei de seguro cobrindo os acidentes do trabalho (Ewald, 1986, 1996) porque estabelece a proteção social obrigatória aos trabalhadores, sob responsabilidade estatal (Dorion e Guionnet, 2004). Outros autores, como Castel (1995, 1998) preferem utilizar o termo Estado social para designar o modelo francês, fugindo assim tanto da conotação de "Estado Providência" quanto da importação do conceito *Welfare State*.

A segunda conclusão é que, na literatura francesa, a seguridade social (*sécurité sociale*), instituída legalmente após a Segunda Guerra Mundial, é compreendida como uma dimensão do *État Providence*, mas não se confunde com ele. Embora sua organização tenha incorporado princípios do Plano Beveridge,[20] sobretudo a uniformidade e universalidade dos direitos (Murad, 1993, p. 59), a seguridade social francesa resulta de um longo processo de articulação entre seguro e assistência social, ou entre os modelos bismarckiano e beveridgiano

---

20. O Plano Beveridge foi traduzido e publicado em francês em 1945 (Murad, 1993, p. 58). No Brasil, a tradução foi publicada em 1943.

(Palier e Bonoli, 1995; Hatzfeld, 1989).[21] Outro autor, referindo-se ao modelo francês (Dufourcq, 1994), afirma que este evoluiu do modelo puramente assistencial predominante no século XIX para um modelo de seguridade social fundado predominantemente na lógica do seguro entre as décadas de 1940 e 1970 e tornou-se recentemente um misto dos sistemas bismarckiano e beveridgiano, com a distinção entre seguro e assistência social cada vez mais diluída.

O regime geral de seguridade social francês comporta quatro ramos (aposentadorias, saúde, seguro acidente de trabalho, prestações familiares) autônomos em termos de gestão e financiamento, mas que se complementam na prestação dos serviços, e são organizados em três Caixas Nacionais, geridas pelo Estado e pelos "*partenaires sociaux*" (representantes dos empregadores e dos trabalhadores). A "Caixa Nacional de Seguro Velhice (CNAV)" responde pelas aposentadorias por idade e pensões e segue a lógica do seguro; a "Caixa Nacional de Seguro Saúde dos Trabalhadores Assalariados (CNAMTS)" gere a saúde e cobre os riscos de doença, maternidade, invalidez, morte e acidentes de trabalho/doenças profissionais e segue a lógica do seguro; a "Caixa Nacional de Prestações Familiares (CNAF)" é responsável pelas prestações familiares e sociais, assistência social às famílias, auxílio moradia, renda de solidariedade ativa/RSA, que substituiu a renda mínima de inserção/RMI, não contributiva, ou seja, não segue a lógica do seguro. Além dessas, a "União das Caixas Nacionais de Seguridade Social (UCANSS)" assegura tarefas de interesse comum ao conjunto do regime geral da seguridade social, sobretudo em termos de recursos humanos (convenção coletiva, formação e qualificação profissional, negociação salarial, entre outras). (Dorion e Guionnet, 2004; Behring, 2012). Os funcionários públicos possuem regimes específicos, como ocorre no Brasil. Recentemente (1999) foi instituído um regime público específico de saúde destinado àqueles

---

21. Em texto anterior (Boschetti, 2000) discuti detalhadamente as características desses modelos, sustentando que a assistência e a previdência conformam uma justaposição e uma unidade de contrários na seguridade social.

não inseridos em um regime profissional contributivo designado *Couverture Maladie Universelle* (CMU), financiado exclusivamente pelo Estado, e que não segue a lógica do seguro.

Com base nessas considerações, é possível afirmar que a seguridade social não se confunde e nem é sinônimo de *Welfare State*, *État Providence* ou *Sozialstaat*, mas é parte integrante, e mesmo elemento fundante e constituinte de sua natureza, bem como de sua abrangência. Isso significa que a compreensão da seguridade social predominante em qualquer país é imprescindível para a compreensão da natureza do Estado social. Também é evidente que a seguridade social não se confunde e nem se restringe ao seguro social (ou previdência social, para utilizar a expressão brasileira). Ainda que possa haver importantes distinções em cada país, pelo menos três elementos passaram a constituir historicamente a seguridade social: os seguros, a assistência médica/saúde e as prestações assistenciais.

Creio já ter deixado bastante evidente que a opção pelo uso da categoria Estado social assenta-se na busca pela explicitação do caráter capitalista das ações sociais do Estado. Não se confunde com a perspectiva social-democrata alemã de *Sozialstaat* que atribuiu ao Estado uma conotação "socialista", como possibilidade democrata de instituir um socialismo de Estado. Também não se confunde com a perspectiva liberal anglo-saxã que atribui ao Estado a possibilidade de garantir o bem-estar no capitalismo e nem com a perspectiva francesa de creditar ao Estado qualquer sorte de providência, divina ou não. Também não se contenta com as traduções literais de "Welfare State" que, intencionalmente ou não, propagam a ideia de igualdade e bem-estar no capitalismo. Fundamentada na abordagem marxiana, o uso da categoria Estado social, como se propõe aqui, parece-me ser mais apropriado para situar sua essência em uma perspectiva de totalidade nas relações capitalistas.

A relação entre Estado, direitos e política social que estrutura o Estado social capitalista pode assegurar uma determinada forma de cidadania, qual seja, a cidadania burguesa. Uma cidadania que, ao conjugar direitos resultantes da luta de classes, possibilitou o alcance da emancipação política e, por vezes, é superestimada como possibilidade de materialização da emancipação humana. Contudo, a cidadania possível e concretizada no âmbito do Estado social capitalista, se, por um lado, pode "perturbar" a lei geral da acumulação capitalista, ao tensionar o capital, por outro, contraditoriamente, participa da reprodução ampliada do capital, sendo a este cada vez mais subordinada, sobretudo em tempos de agudização das crises do capital.

1.2 Que cidadania para qual emancipação no capitalismo?

Parece inegável que a instituição do *Sozialstaat* alemão esteve no epicentro dos debates e movimentos políticos que opuseram as lutas sociais revolucionárias pela emancipação humana às ilusões reformistas social-democratas capitaneados por revisionistas como Eduard Bernstein,[22] para quem a legislação social trabalhista poderia evoluir e assegurar direitos iguais para todos. O que se pretende refletir aqui, portanto, é o significado do Estado social no Capitalismo e sua impossibilidade de superar as desigualdades por meio dos direitos sociais. Conforme já sinalizado anteriormente, Marx (2012) criticou duramente o programa do Partido Operário Alemão (Programa de Gotha) pela sua crença e reivindicação na subvenção estatal às cooperativas de produção, como possibilidade de superação da "questão social" e construção de uma nova sociedade. Também desferiu críticas duras à sua crença na autonomia do Estado e à possibilidade de alcançar um "Estado livre" nos marcos da sociedade capitalista. Em sua crítica ao estatismo onipresente no Programa de Gotha, Marx afirma: "Tornar o 'Estado livre' não é de modo algum o objetivo de trabalhadores já libertos da estreita consciência do súdito. (...) A liberdade

22. Um dos principais expoentes da social-democracia alemã e revisionista do marxismo. Para uma crítica ao revisionismo, ver Luxemburgo (1975).

consiste em converter o Estado, de órgão que subordina a sociedade, em um órgão totalmente subordinado a ela (...)" (Marx, 2012, p. 42).

Marx segue sua crítica às reivindicações políticas e sociais apresentadas no Programa, que "não contém mais do que a velha cantilena democrática, conhecida de todos: sufrágio universal, legislação direta, direito do povo, milícia popular etc. (...) Não passam de reivindicações que, quando não são exageros fantasiosos da imaginação, já estão *realizadas*" (idem, p. 43). O que Marx critica é exatamente o fato de o Partido Operário limitar suas reivindicações a uma programática que mais fortalece o Estado capitalista do que se opõe a ele. À proposição de "um imposto único e progressivo sobre a renda", Marx rebate: "os impostos são a base econômica da maquinaria governamental e nada mais. (...) O imposto sobre a renda pressupõe as diferentes fontes de renda das diferentes classes sociais, logo pressupõe a sociedade capitalista" (idem, p. 45). À reivindicação de "educação popular universal e igual sob incumbência do Estado. Escolarização universal obrigatória. Instrução gratuita", Marx não é menos crítico e denuncia a impossibilidade de assegurar igualdade substantiva por meio da educação pública no capitalismo: "Crê-se que na sociedade atual (e apenas ela está em questão aqui) a educação possa ser *igual* para todas as classes? (...) Que em alguns estados deste último[23] também sejam 'gratuitas' as instituições de ensino 'superior' significa apenas, na verdade, que nesses lugares os custos da educação das classes altas são cobertos pelo fundo geral dos impostos" (idem, p. 45-46). As críticas desfilam a cada item do Programa de Gotha: "liberdade da ciência; liberdade de consciência; jornada normal de trabalho; limitação do trabalho das mulheres e proibição do trabalho infantil; supervisão estatal da indústria fabril, oficinal e doméstica; regulamentação do trabalho prisional; lei de responsabilidade civil eficaz" (idem, p. 46-48). Para Marx, as reivindicações do Programa de Gotha abandonavam as lutas revolucionárias e se subordinavam

23. Marx se refere aos países da Alemanha, Suíça e Estados Unidos, que já viviam experiências de escolas gratuitas (cf. p. 45).

ao Estado capitalista. Friedrich Engels, corroborando as críticas de Marx, escreve que as reivindicações eram de caráter democrata-burguesas, que abandonavam a luta internacionalista do movimento operário e que se submetiam à "panaceia universal da assistência estatal" para superar a questão social.[24]

O que importa aqui é demonstrar que, desde sua origem, a relação entre a ampliação de ações sociais pelo Estado e a garantia de direitos sociais na sociedade capitalista, ou seja, na reprodução das relações sociais, possui um caráter reformista no sentido de "reformar" o Estado na direção de manter sua natureza capitalista, mas ampliar suas funções sociais. Por isso, em trabalho anterior, sinalizamos que "não existe polarização irreconciliável entre o Estado social e Estado liberal, ou, de outro modo, não houve ruptura radical entre o Estado liberal predominante no século XIX e o Estado social capitalista do século XX" (Behring e Boschetti, 2006, p. 63). A posição, reafirmada aqui, é de que o Estado social, ao ampliar suas funções na sociedade capitalista, no contexto da democracia burguesa, o faz não exclusivamente como instrumento da burguesia, e tampouco como concessão unilateral em resposta à pressão revolucionária operária. O reconhecimento histórico de direitos sociais pelo Estado social é resultado de longo e secular conflito de classes, crivado por perspectivas revolucionárias e reformistas, mas também determinado pelas condições objetivas de desenvolvimento das forças produtivas.

Mandel (1982), ao se referir ao Estado no capitalismo tardio, sustenta que a ampliação da legislação social na virada do século XIX para o século XX precisa ser entendida na transição do capitalismo concorrencial para o imperialismo e para o capitalismo monopolista.[25] Ao lado das funções repressivas/coercitivas e das funções integradoras

24. Carta de Friedrich Engels a August Bebel, datadas de 18-28 de março de 1875. Publicada como apêndice na *Crítica do Programa de Gotha*, Marx (2012).

25. No livro *Política social: fundamentos e história* (2006), escrito com Elaine Behring, essa questão foi abordada nos capítulos 2 e 3. Aqui, ressaltarei tão somente alguns elementos necessários à relação entre Estado, direitos, cidadania e emancipação.

do Estado, Mandel situa o Estado social[26] no conjunto das funções destinadas a "providenciar as condições gerais de produção" (1982, p. 334). Para o autor, essa função difere das duas anteriores por "relacionar-se diretamente com a esfera da produção e, assim, assegurar uma mediação entre a infra e a superestrutura". No âmbito econômico, o surgimento dos monopólios gerou uma tendência à superacumulação e levou ao crescimento ainda maior do Estado, "envolvendo um desvio maior de rendimentos sociais para o Estado" (idem, p. 338). No âmbito político, Mandel (p. 338) reconhece que o "surgimento de poderosos partidos da classe trabalhadora aumentou a urgência e o grau do papel integrador do Estado".

Ainda que inserido e resultante da luta da classe trabalhadora por melhores condições de vida e de trabalho, o reconhecimento da legislação social que garantiu a expansão dos direitos sociais tem uma funcionalidade política e econômica para o capital, pois é inegável que se tratou de "uma concessão à crescente luta de classe do proletariado, destinando-se a salvaguardar a dominação do capital de ataques mais radicais por parte dos trabalhadores. Mas ao mesmo tempo correspondeu também aos interesses gerais da reprodução ampliada do modo de produção capitalista, ao assegurar a reconstituição física da força de trabalho onde ela estava ameaçada pela superexploração". (Mandel, 1982, p. 338).

A ampliação do Estado social determinou uma significativa redistribuição do valor socialmente criado em favor do orçamento público, distribuído parcialmente em políticas sociais materializadoras de direitos. Essa expansão do Estado social por meio da garantia de direitos e implantação de bens e serviços públicos, sobretudo após a crise de 1929, criou uma falsa interpretação sobre a construção da cidadania e a possibilidade de garantia de direitos iguais a todos no capitalismo. Também forjou uma perspectiva redistributivista, alimentada por uma "falsa crença em uma redistri-

---

26. Mandel usa o termo Estado social entre aspas, criticando a ilusão social-democrata de que este poderia evoluir em direção a um Estado socialista.

buição crescente da renda nacional, que tiraria do capital para dar ao trabalho", o que levaria a uma possibilidade de "socialização através da redistribuição" (Mandel, 1982, p. 339). O autor contesta enfaticamente essa ilusão da burguesia reformista social-democrata, demonstrando que o "fim lógico [desse reformismo] é um programa completo para a estabilização efetiva da economia capitalista e de seus níveis de lucro" (idem, p. 339). Contestando as teses social-democratas que acreditaram (ou acreditam) na possibilidade de o Estado social conduzir a um Estado socialista, Mandel (idem, p. 346) é taxativo: "Imaginar que o aparelho de Estado burguês pode ser usado para uma transformação socialista da sociedade capitalista é tão ilusório quanto supor que seria possível dissolver um exército com a ajuda de 'generais pacifistas'."

Contudo, esse Estado social, que é estruturalmente determinante do capitalismo, é permeado por relações contraditórias. Por um lado, se mostrou historicamente imprescindível na criação de condições objetivas de reprodução e integração da força de trabalho e reprodução ampliada do capital, ou seja, como um elemento indispensável na manutenção das relações de produção capitalista. Por outro, a ampliação de direitos trabalhistas e sociais decorrente da luta da classe trabalhadora assegurou a esta o acesso a bens e serviços antes inexistentes, como aposentadorias, seguro saúde, seguro-desemprego, educação, moradia, transporte. Em algumas situações específicas e temporalmente determinadas do capitalismo central logrou reduzir a desigualdade de rendimento e acesso a bens e serviços públicos, sem, contudo, superar a estrutural concentração da propriedade privada.

Ainda que países do capitalismo central possam ter alcançado algum grau de redução da desigualdade de rendimento por meio do que autores como Castel (1995, 1998) chamam de "sociedade salarial", ou seja, da expansão dos direitos sociais e trabalhistas, o Estado social não foi (e não é) capaz de superar a desigualdade de classe. O reconhecimento formal de direitos, se, por um lado, possibilitou a melhoria de condições de vida, por outro, também revelou o quanto é incompatível a igualdade substantiva e a emancipação humana com a cidadania burguesa, contrariando suposições como as de Marshall[27] (dentre outras), para quem a cidadania é capaz de superar a desigualdade. Não são poucas as análises que, ao incorporar a perspectiva marshalliana de cidadania, veem a conquista de direitos como o caminho para a emancipação humana, confundindo cidadania com emancipação humana.

Bastante conhecida, a perspectiva defendida por Marshall (1967b) conjuga três elementos designados de direitos civis, políticos e sociais como a base estruturante da cidadania.[28] Para esse autor, a cidadania só atingiu sua completude no século XX, com a associação desses três tipos de direitos. Ao estudar seu desenvolvimento na Inglaterra, o autor queria discutir o impacto da cidadania na desigualdade social no capitalismo. Sua concepção de cidadania a limita ao *status* legal de cidadão, ou, como ele próprio afirma, a "cidadania é um *status* concedido àqueles que são membros integrais de uma comunidade" (1967b, p. 76). Trata-se de uma definição abstrata, que leva em consideração tão somente o reconhecimento legal de direitos e obrigações: "Todos aqueles que possuem o *status* são iguais com respeito aos direitos e obrigações pertinentes ao *status*" (idem, p. 76). Para o autor, o *status* de cidadão (integrante de um Estado-nação) assegura uma igualdade formal, em contraposição à classe social, que constitui um sistema de desigualdade, conforme reconhece Marshall. Ao traçar o reconhecimento legal/desenvolvimento histórico destes direitos na Inglaterra (direito civil no século XVIII, direito político no século XIX

---

27. O livro de Thomas Humprey Marshall, *Cidadania, classe social e status,* foi publicado no Brasil pela Editora Zahar, em 1967b, com ensaios extraídos do livro *Sociology at crossroads and other essays,* publicado em Londres em 1963. O capítulo 3, intitulado "Cidadania e classe social", que se tornou uma referência no debate sobre direitos e cidadania, resultou de uma conferência proferida por T. H. Marshall em Cambridge, em 1949, dedicada ao economista britânico Alfred Marshall.

28. Já é bastante conhecida e debatida a caracterização e historicização desses direitos pelo autor. Não será esse o caminho aqui, pois que o interesse está em aprofundar o sentido desses direitos na constituição do Estado social capitalista e o real sentido da cidadania marshalliana na sustentação das desigualdades de classe.

e direito social no século XX) o autor assume que estes coincidem com o desenvolvimento do capitalismo e questiona:

> Seu crescimento coincide com o desenvolvimento do capitalismo, que é o sistema não de igualdade, mas de desigualdade. Eis o que necessita de explicação: Como é possível que estes dois princípios opostos possam crescer e florescer, lado a lado, no mesmo solo? (...) O impacto da cidadania sobre tal sistema estava condenado a ser profundamente perturbador e mesmo destrutivo. (Marshall, 1967b, p. 76-77)

Para Marshall, a partir do século XX, quando os três elementos — civis, políticos e sociais — se encontram e constituem a cidadania em sua completude, esta adquire substância capaz de abalar a desigualdade de classe: "A igualdade implícita no conceito de cidadania, embora limitada em conteúdo, minou a desigualdade do sistema de classe, que era, em princípio, uma desigualdade total" (idem, p. 77). Para o autor, até o final do século XIX, os direitos civis e políticos já existentes não se destinavam a reduzir a desigualdade de classes porque não estavam em conflito com a sociedade capitalista, mas, ao contrário, eram necessários à sua manutenção. Os primeiros — direitos civis — eram indispensáveis à economia de mercado competitiva, pois não só asseguravam a liberdade individual, como garantiam a propriedade privada. Os segundos — direitos políticos — embora apresentassem uma ameaça potencial ao capitalismo, diz o autor, não o eram realmente porque "naquela ocasião, o direito de voto estava bastante difundido, mas aqueles que o tinham adquirido recentemente não haviam ainda aprendido a fazer uso do mesmo" (idem, p. 85).

A tese central de Marshall é de que, até o final do século XIX, a cidadania *ainda* não tinha impactado sobre a desigualdade de classe porque lhe faltava um elemento determinante — os direitos sociais — que só viriam a conhecer um desenvolvimento mais efetivo a partir do século XX. Nas palavras do autor: "Os direitos civis eram, em sua origem, acentuadamente individuais e esta é a razão pela qual se harmonizaram com o período individualista do capitalismo" (p. 85). E segue em sua argumentação

> Os direitos civis deram poderes legais cujo uso foi drasticamente prejudicado por preconceito de classe e falta de oportunidade econômica. Os direitos políticos deram poder potencial cujo exercício exigia experiência, organização e uma mudança de ideia quanto a funções próprias do governo. (...) Os direitos sociais compreendiam um mínimo e não faziam parte do conceito de cidadania. A finalidade comum das tentativas voluntárias e legais era diminuir o ônus da pobreza sem alterar o padrão da desigualdade do qual a pobreza era, obviamente, a consequência mais desagradável. (Idem, p. 87-88)

Em Marshall, portanto, predomina a interpretação de que o desenvolvimento dos direitos sociais reconhecidos legalmente como direitos de cidadania, ou seja, o desenvolvimento do Estado social, nos marcos do capitalismo, será determinante para o estabelecimento de políticas igualitárias no capitalismo. Diz o autor: "Assim, embora a cidadania, mesmo no final do século XIX, pouco tivesse feito para reduzir a desigualdade social, ajudara a guiar o progresso para o caminho que conduzia diretamente às políticas igualitárias do século XX" (idem, p. 84). Mas não são quaisquer direitos sociais que, para o autor, podem participar substancialmente na superação das desigualdades. A mudança em direção ao reconhecimento dos direitos sociais como elemento de cidadania ocorreu no final do século XIX, segundo o autor, chamado de "um novo período" que "assistiu ao primeiro grande avanço no campo dos direitos sociais, e isto acarretou mudanças significativas no princípio igualitário como expresso na cidadania" (idem, p. 88).

As "mudanças significativas" sinalizadas por Marshall compreendiam o que veio a se tornar a base do Estado Social capitalista. A primeira seria um aumento nas rendas nominais que teria modificado a distância econômica entre as classes, diminuindo as distâncias entre trabalhadores especializados e não especializados, e entre os primeiros e os trabalhadores manuais, e o aumento de pequenas poupanças teria diminuído as distinções de classe entre capitalistas e proletários sem bens. A segunda seria a instituição de impostos diretos mais progressivos que teria comprimido a escala de rendas líquidas. A terceira seria uma produção em massa para o mercado interno e o interesse da indústria pelas necessidades e gostos das massas (idem, p. 88).

É evidente que a perspectiva de cidadania marshalliana não é incompatível com a desigualdade de classe, ao contrário, o autor considera que a igualdade de *status* (ser reconhecido como cidadão) é mais importante que a igualdade de renda (p. 95). Também reconhece a "desigualdade social como necessária e proposital [porque] oferece o incentivo ao esforço e determina a contribuição de poder. (...) A desigualdade, portanto, embora necessária, pode tornar-se excessiva" (idem, p. 77). Por isso, os direitos sociais de cidadania marshalliana devem contribuir para limitar a "desigualdade excessiva". Para tanto, constituem o que ele define como a garantia de mínimos sociais, a partir dos quais, cada cidadão, tendo reconhecido o *status* de cidadão, ou da igualdade formal, deve ir além e buscar melhores condições por mérito e esforço próprio, ou seja, competindo no mercado:

> O Estado garante o mínimo de certos bens e serviços essenciais (tais como assistência médica, moradia, educação, ou uma renda nominal mínima (ou salário mínimo) a ser gasto em bens e serviços essenciais — como no caso da lei que dispõe sobre a aposentadoria por velhice, benefícios de seguro e salários-família. Qualquer pessoa capaz de ultrapassar o mínimo garantido por suas qualidades próprias está livre para fazê-lo. (Idem, p. 93)

Para o autor, o grau de igualdade possível na cidadania capitalista dependerá de quatro fatores: o primeiro é se o benefício será focalizado em uma classe específica ou destinado a todos; o segundo é se o benefício assume a forma de prestação de serviços ou repasse de dinheiro em espécie; o terceiro é se o mínimo é alto ou baixo; e o quarto é a origem dos recursos levantados pelo Estado para pagar os benefícios (idem, p. 93). Na esteira dessas reflexões, Marshall defende que os benefícios focalizados, em dinheiro, submetidos a testes de meio, possuem um efeito igualitário "simples e óbvio", porque ampliam a renda dos mais pobres e conclui: "não se pode sustentar que os benefícios sejam igualmente distribuídos em função da necessidade real. Mas o direito básico de ter o cidadão uma moradia, seja lá qual for, é mínimo" (idem, p. 97).

A conclusão central de Marshall é que a cidadania, ao incluir os direitos sociais, passou a alterar o padrão de desigualdade social no capitalismo e provocar influências profundas sobre a estrutura de classes a partir do século XX, sem, contudo, ter o propósito de acabar com a desigualdade. Em sua perspectiva, a desigualdade é compatível com a cidadania porque não é seu objetivo pretender uma "igualdade absoluta" (p. 109).

A cidadania marshalliana, portanto, não pode ser referência de princípios e valores que defendem a emancipação humana, e muito menos a emancipação humana pode ser confundida com a cidadania. Embora os direitos sociais possam conflitar eventualmente com os interesses da acumulação, não estabelecem com estes uma relação antagônica.

Ainda que alguns autores chamem a atenção para o surgimento da cidadania na Grécia e Roma Antigas (Coutinho, 2008; Covre, 2001; Telles, 1999), o que se caracteriza como a cidadania moderna, fundante do Estado social capitalista, é a conjugação dos direitos civis, políticos e sociais, nos termos discutidos por Marshall. A crítica da tradição marxista aos direitos burgueses, ou à particularidade destes direitos no capitalismo, já está presente em Marx, ao se referir às propostas de direitos ainda incipientes do Programa de Gotha. Em sua crítica, Marx já sinalizava a incompatibilidade entre igualdade substancial de direitos e capitalismo, quando mostra que o "*igual direito* é, ainda, de acordo com seu princípio, o *direito burguês*".[29] E explica: "Esse igual direito continua marcado por uma limitação burguesa. (...) Esse igual direito é direito desigual para trabalho desigual. Ele não reconhece nenhuma distinção de classe, pois cada indivíduo é apenas trabalhador tanto quanto o outro; mas reconhece tacitamente a desigualdade dos talentos individuais como privilégios naturais e,

29. Em itálico no original.

por conseguinte, a desigual capacidade dos trabalhadores" (Marx, 2012, p. 30-31). Como os direitos iguais podem reduzir a desigualdade se a sociedade capitalista é estruturalmente determinada pelo acesso desigual aos meios de produção e à riqueza socialmente produzida? — questiona Marx. A igualdade de direitos no capitalismo só pode ser formal, porque sua base fundante é a desigualdade.

Ao discutir a distinção entre cidadania e emancipação humana, Tonet[30] critica essencialmente dois argumentos que ele atribui à "esquerda democrática". Por um lado, critica a perspectiva que trata a cidadania como um processo que existiu e existirá fora dos marcos do capitalismo. Para esse autor, a cidadania moderna, que conjuga direitos civis, políticos e sociais, não pode ser compreendida fora dos marcos da sociedade capitalista. Diz o autor: "na ótica marxiana, a entificação da cidadania moderna é inseparável, não apenas em termos cronológicos, mas em termos ontológicos, da entificação da sociabilidade capitalista" (Tonet, 2005, p. 59). Nisso, e apenas nisso, Tonet e Marshall convergem, pois ambos relacionam o surgimento da cidadania às relações capitalistas. Mas a convergência termina aí. Para Tonet, a cidadania é um pressuposto da sociabilidade capitalista, é determinante na sua reprodução e não implica em conflito ou redução das desigualdades de classe, pois se fundamenta no "ato de compra e venda de força de trabalho e que resulta na produção de mercadorias" (idem, p. 70). Já Marshall, não marxista assumido, acredita que a cidadania impacta na desigualdade de classe, o que é compreensível visto que não vislumbra a possibilidade de construção de uma sociedade não capitalista, sem desigualdade de classes. Ou seja, em Marshall o horizonte societário é de uma sociedade com reconhecimento formal legal do *status* de cidadão compatível com uma desigualdade que não seja "excessiva".

---

30. Tonet é um dos autores brasileiros que vêm se dedicando a sublinhar a distinção entre cidadania e emancipação humana na perspectiva marxiana. O autor tem várias publicações nessa direção. O livro *Educação, cidadania e emancipação humana* (2005) aborda essa questão e está disponível em: <http://ivotonet.xpg.uol.com.br/arquivos/EDUCACAO_CIDADANIA_E_EMANCIPACAO_HUMANA.pdf>.

Por outro lado, Tonet (2005) questiona a convicção reformista na relação entre cidadania e democracia como caminho para a igualdade substancial. Para o autor, "A democracia mais aperfeiçoada continua sendo uma forma de opressão de classe" (idem, p. 59), e sua superação só será possível com a supressão das relações capitalistas. Por isso, afirma o autor, a cidadania burguesa nada mais é do que uma possibilidade de emacipação política (idem, p. 55), nos termos defendidos por Marx no texto "Sobre a questão judaica"[31] quando discute os limites da emancipação política e do Estado político no capitalismo.

A emancipação política é o reconhecimento de direitos no âmbito do Estado político, do Estado como república, sem que isso implique qualquer superação das relações capitalistas. Diz Marx: "O limite da emancipação política fica evidente de imediato no fato de o *Estado*[32] ser capaz de se libertar de uma limitação sem que o homem *realmente* fique livre dela, no fato de o Estado ser capaz de ser um *Estado livre* [*Freistaat*, república] sem que o homem seja um homem *livre* (Marx, 2010, p. 38-39; grifos do autor). O que significa, em termos de direitos, que o cidadão pode ser reconhecido como cidadão político, ou nos termos marshallianos, adquirir *status* político de cidadão, sem se libertar das condições objetivas que o obrigam a vender sua força de trabalho.

Marx não nega o avanço da emancipação política, ou o reconhecimento dos direitos do cidadão, mas sinaliza seu limite no âmbito da sociabilidade capitalista: "A *emancipação política* de fato representa um grande progresso; não chega a ser a forma definitiva da emancipação humana em geral, mas constitui a forma definitiva

31. *Sobre a questão judaica* foi escrito entre agosto e dezembro de 1843, antes, portanto, da *Crítica do Programa de Gotha*, escrito em 1875 e antes das primeiras legislações de seguros sociais na Alemanha. A discussão de Marx sobre emancipação política e humana ocorre no contexto de reconhecimento dos direitos políticos dos judeus na Alemanha, quando esses, para serem reconhecidos como cidadãos alemães, deveriam renunciar à religião. Para aprofundar esse contexto, ver a apresentação de Daniel Bensaïd ao fulcral texto marxiano, na edição publicada pela Boitempo Editorial em 2010.

32. Itálico no original.

da emancipação humana *dentro* da ordem mundial vigente até aqui. Que fique claro: estamos falando aqui de emancipação real, de emancipação prática. (...) Todavia, não tenhamos ilusões quanto ao limite da emancipação política" (idem, p. 41-42).

A emancipação política está, portanto, relacionada ao reconhecimento legal e prático do direito de cidadania na sociabilidade capitalista. A essência da emancipação política é a relação entre Estado político e sociedade burguesa, ou, em outras palavras, ao reconhecimento dos direitos do cidadão pelo Estado no capitalismo. Na perspectiva marxiana, a emancipação política adquire concretude na dissolução da sociedade feudal e instituição da sociedade burguesa e a constituição do Estado político como "assunto universal", como Estado republicano real, de todos os cidadãos (idem, p. 52). Marx faz a distinção crítica entre os direitos do homem (direito liberal, natural, civil, individual), dos direitos do cidadão (direito político, coletivo, de toda comunidade política), entendendo a emancipação política como reconhecimento dos direitos do cidadão (portanto coletivos) na sociedade burguesa. Estes direitos, contudo, não libertam o homem das relações capitalistas, e não levam, portanto, à emancipação humana:

> Toda emancipação é *redução* do mundo humano e suas relações ao *próprio homem.* A emancipação política é a redução do homem, por um lado, a membro da sociedade burguesa, a indivíduo egoísta independente, e, por outro, a *cidadão,* a pessoa moral. Mas a emancipação humana só estará plenamente realizada quando o homem individual real tiver recuperado para si o cidadão abstrato e se tornado *ente genérico* na qualidade de homem individual na sua vida empírica, no seu trabalho individual, nas suas relações individuais, quando o homem tiver reconhecido e organizado suas '*forces propres*' [forças próprias] como forças *sociais* e, em consequência, não mais separar de si mesmo a força social na forma da força *política.* (Marx, 2010, p. 54)

Como sinaliza Bensaïd (2010, p. 87), a emancipação política em Marx não é uma etapa para a emancipação humana, e tampouco é irrisória, ou pouco significativa. Seu reconhecimento da emancipação política como um "progresso" mostra que Marx reconhecia o significado histórico da conquista de direitos democráticos e de determinadas liberdades na sociabilidade capitalista. Contudo, também mostra inegavelmente que esta é a única forma de emancipação nesta sociabilidade. A constituição e expansão do Estado social no século XX vêm reafirmar essa análise. A expansão dos direitos sociais possibilitou a distribuição horizontal de parte do fundo público, reduziu a desigualdade de rendimentos em espaços geopolíticos em que se realizou mais plenamente, possibilitou o acesso da classe trabalhadora a certos bens e serviços antes inacessíveis, mas não a libertou do imperativo de vender sua força de trabalho, portanto de se submeter aos imperativos do capital. Em outras palavras, a emancipação humana é impossível no capitalismo. Ou, como sintetiza Mandel (1982, p. 350): "O pré-requisito dessa emancipação é a conquista do poder político e a demolição do aparelho de Estado burguês pelos produtores associados".

Como "única forma possível de emancipação" na sociabilidade capitalista, a emancipação política está, historicamente, inscrita na luta da classe trabalhadora pela conquista de direitos e melhoria de suas condições de vida. Sua materialidade é condicionada por determinações econômicas, políticas, culturais e pelos antagonismos entre as necessidades do trabalho e as imposições do capital (Behring e Santos, 2009).

A liberdade e igualdade formal, asseguradas pela emancipação política nos marcos da sociabilidade do capital, estão longe de garantir a liberdade e igualdade substantivas reivindicadas pela emancipação humana. A emancipação política constitui uma importante mediação nas lutas contra o capital, especialmente no momento de decadência do Estado social, quando este não incorpora mais as conquistas da emancipação política, como vem ocorrendo neste momento histórico. Por isso, a luta por direitos deve se constituir como mediação na luta histórica pela emancipação humana, ou, conforme sinalizam Behring e Santos (2009, p. 280): "O destino das lutas por direito está determinado na dinâmica da luta de classes, num complexo jogo que envolve disputas ideológicas quanto à concepção de sociedade e de projeto societário que se deseja afirmar. Esse processo não pode prescindir da organização política das classes trabalhadoras nem a estas se limitar, pois depende de um conjunto de condições objetivas que interferem na história."

Se, no plano teórico-político, a conquista da emancipação política ou da cidadania burguesa não pode ser confundida com emancipação humana, no plano prático, sua conquista legal-institucional, no contexto pós-crise de 1929 e, especialmente, após a Segunda Guerra Mundial, revelou a essência contraditória do Estado social capitalista. A luta e conquista pelos direitos de cidadania, contudo, não podem e não devem significar contentamento com a emancipação política e com o Estado Social. Fazer dessas lutas e dessas conquistas uma base material de tensionamento contra o capital, contudo, é imprescindível no processo histórico pela emancipação da humanidade de todas as formas de exploração e opressão.

Capítulo 2

As tensões entre assistência social e trabalho no Estado social capitalista

Conforme já anunciado, o Estado Social capitalista se originou na tensa e contraditória relação entre a luta da classe trabalhadora pelos direitos ao (e do) trabalho, as convicções reformistas social-democratas na possibilidade de instituição de um "socialismo" de Estado, conforme ironiza Marx (2012) e as necessidades do capital de regulação estatal para assegurar a acumulação e a reprodução da força de trabalho. Situa-se, portanto, nas relações entre a economia, a política e o social, e não pode ser compreendido em sua totalidade se for dissociado da dinâmica própria do capital.

Portanto, a perspectiva de Estado social capitalista aqui adotada o situa como processo contraditório, embebido e determinado pelo conflito capital-trabalho, especialmente no contexto de sua expansão após a Segunda Guerra Mundial. Significa afirmar que, se a luta e conquista de direitos sociais é capaz de impor alguns limites aos ganhos do capital (Marx, 1987), sua possibilidade de realização é limitada pela sociabilidade capitalista. Esta perspectiva é fundante da análise que situa a luta por direitos como mediação na luta pela construção de uma nova sociabilidade que assegure a emancipação humana, mas que não encobre o significado da economia política do Estado social capitalista, nos termos marxianos e discutidos por Mandel (1982) e Gough (1982).[1] Como fenômeno capitalista contraditório, o Estado social pode, em determinadas circunstâncias, atender as reivindicações da classe trabalhadora, mas é, essencialmente, um elemento constitutivo da sociedade capitalista. Nesse processo, destaca-se aqui nessa análise a relação tensa, e muitas vezes antagônica, entre assistência social e trabalho, mediada pelos seguros sociais, porque constitui uma das principais formas de reprodução da força de trabalho no âmbito do Estado social.

2.1 Estado social e reprodução ampliada do capital

Afirmar que o Estado social capitalista posssui natureza contraditória não é exatamente uma novidade, visto que essa perspectiva já comparece em produções anteriores. Contudo, a análise apreendida a seguir dedica-se a aprofundar o significado de sua funcionalidade para o trabalho e para o capital, bem como sua relação com as formas de organização da produção e da reprodução social. Além da análise de Mandel (1982), já abordada no capítulo anterior, para quem o Estado social também se destina a assegurar as condições gerais de produção, enfatiza-se aqui outra dimensão, trabalhada por Gough (1982),[2] um dos autores marxistas que se dedicou a demonstrar as

1. Ian Gough foi um dos primeiros autores marxistas a discutir o *Welfare State* nos países do capitalismo central com base na perspectiva marxiana. Seu livro *The political economy of the Welfare State* foi publicado originalmente na Inglaterra em 1979 e situa o *Welfare State* como um fenômeno capitalista contraditório. Utilizo aqui a tradução espanhola de 1982, que traduz *Welfare State* como *Estado del Bienestar*.

2. Gough é acusado de atribuir maior "autonomia relativa" ao Estado no capitalismo, tanto em relação às determinações objetivas da reprodução do capital, quanto em relação aos interesses das classes fundamentais. O próprio autor reconhece e rebate as críticas recebidas, de que suas análises anteriores enfatizariam o plano da redistribuição e subvalorizariam o plano da produção e afirma que nesse livro buscou explicitar de forma mais contundente a natureza e funções do Estado na dinâmica própria do capital. Apesar de conceber o Estado

funções capitalistas do Estado social, situando-o nas contradições entre o desenvolvimento das forças produtivas e as relações sociais de produção. O autor critica a visão social democrata que limita o Estado social a um conjunto das políticas sociais estatais destinadas a assegurar o "bem-estar" por meio do reconhecimento dos direitos materializados por benefícios e serviços como seguros sociais, saúde, assistência, educação e moradia. Afirma que o Estado social também compreende a regulamentação estatal de atividades privadas (de indivíduos ou corporações) que impactam (não significa que melhoram, como diz o próprio autor) diretamente nas condições de vida de indivíduos e grupos sociais, por vezes de forma positiva e por vezes de forma negativa (p. 51).

O Estado social é compreendido pelo autor na mesma perspectiva adotada nesse livro, que se distancia tanto das visões funcionalistas quanto das visões estruturalistas e politicistas no campo da tradição marxista. Defende que a natureza contraditória do Estado social capitalista está em sua função de atuar na garantia de condições necessárias à reprodução do capital e à exploração inerente da força de trabalho, o que significa ter que assegurar a acumulação contínua do capital. Mas, ao mesmo tempo, o Estado social deve responder às demandas e necessidades sociais sob pressão da classe trabalhadora em sua luta contra a exploração e a dominação capitalista. Ao reconhecer e estender direitos sociais amplos, o Estado social contradiz as requisições diretas do sistema de acumulação, daí sua natureza contraditória.

A expansão dos direitos como saúde, educação, trabalho, seguro social e assistência social, diz o autor, possui a capacidade de ampliar certo bem-estar, mas também assegura as condições para preservar as

---

como um sujeito "capaz de confrontar alternativas, eleger e tomar iniciativas", Gough (1982, p. 275) não perde de vista a referência do Estado social como Estado capitalista e afirma que "a autonomia e independência do Estado capitalista, e *ipso facto* do *Welfare State*, é somente aparente. (...) Mas ao mesmo tempo a separação e relativa autonomia do Estado permite que se consigam numerosas reformas, e de nenhuma forma atua como o instrumento passivo de uma só classe. (...) Uma análise baseada na autonomia *relativa* do Estado capitalista (...) permite um entendimento frutífero do *Welfare State* moderno" (p. 110).

relações capitalistas. A expansão do Estado social após a Segunda Guerra Mundial também revela outra contradição: o aumento do gasto social público pode se traduzir como um "peso" para o processo de acumulação do capital, especialmente nos ciclos regressivos, ou seja, quanto mais expandido o Estado social, maior a necessidade de extração da mais-valia socialmente produzida para sustentar os bens e serviços sociais, daí o ferrenho ataque burguês de cariz neoliberal aos direitos sociais. O capitalismo precisa do Estado social para participar do processo de garantia das condições gerais de sua reprodução, mas não consegue conviver (sem crise) com a crescente intervenção estatal, e o processo de acumulação de capital busca incessantes formas de impor limites a esse processo, o que se revela uma contradição insolúvel na sociabilidade capitalista. Nos termos do autor, as duas contradições essenciais do Estado social no capitalismo central são o insuperável conflito entre as classes (ou entre trabalho e capital) sobre os objetivos e formas da política social e o processo pelo qual o crescimento do Estado social contribui para criar novas formas de crises (econômica, política e ideológica), já que tensiona, mas, ao mesmo tempo, participa do processo de acumulação (Gough, 1982, p. 67).

Nessa acepção de cariz marxiana, o Estado social se situa na relação estrutural entre Estado e economia no capitalismo, ou seja, não pode ser dissociado do modo de produção concreto do capitalismo e de sua essência: o processo de constituição do valor e do mais valor (mais-valia)[3] determinado pela exploração da força de trabalho, como condição para a acumulação.

No capitalismo, o trabalho é subsumido pelo capital e perde seu sentido como atividade criadora para a sociabilidade humana emancipada, sendo incorporado como categoria universal, como atividade naturalizada de produção e troca, dissociada de seu significado no processo de composição do capital. Na crítica à perspectiva da

3. Não será tratada aqui a lei do valor. Além da visita obrigatória ao *Capital*, sobretudo o Livro I, uma interpretação bastante apropriada pode ser encontrada em Behring (2010 e 2012), Fontes (2010), Netto e Braz (2006), Tonet (2005). Serão abordados aqui somente os elementos imprescindíveis para a compreensão da relação entre Estado social e acumulação.

economia clássica de David Ricardo e Adam Smith, Marx desmistifica a visão "natural" do trabalho e mostra que o trabalho é atividade humana, resultante do dispêndio de energia física e mental, direta ou indiretamente voltada à produção de bens e serviços, contribuindo para a reprodução da vida humana, individual e social. Ao ser tratada como mercadoria, a força de trabalho possui duplo caráter: ser produtora de valor de uso e valor de troca, ou como explicita Marx (1987, p. 54), "todo trabalho é, de um lado, dispêndio de força humana de trabalho, no sentido fisiológico e, nessa qualidade de trabalho humano igual ou abstrato, cria valor de mercadorias. Todo trabalho, por outro lado, é dispêndio de força humana de trabalho, sob forma especial, para um determinado fim, e, nessa qualidade de trabalho útil e concreto, produz valor-de-uso". É nesse sentido que o valor de uso "só se realiza com a utilização ou o consumo" (1987, p. 42), e que "um valor de uso ou um bem só possui, portanto, valor, porque nele está corporificado, materializado trabalho humano abstrato" (Marx, 1987, p. 45).

Por outro lado, o valor de troca se constitui a partir do dispêndio de energia humana que cria o valor das mercadorias e consiste na relação que se estabelece entre uma coisa e outra, entre um produto e outro. Como mercadoria, a força de trabalho se transforma em base material para garantir o valor de troca, já que "o que determina a grandeza do valor, portanto, é a quantidade de trabalho socialmente necessário ou o tempo de trabalho socialmente necessário para a produção de um valor-de-uso" (Marx, 1987, p. 46).

As relações capitalistas constituem relações de produção de valores de troca (mercadorias) para acumulação de capital, através da extração de mais valor, e o trabalho livre provoca a separação entre a força de trabalho e a propriedade dos meios de produção. O sentido do trabalho sofre profunda modificação com a instituição das relações capitalistas, pois assume o caráter de trabalho abstrato, produtor de valores-de-troca, já que "o trabalho, como criador de valores-de-uso, como trabalho útil, é indispensável à existência do homem, — quaisquer que sejam as formas de sociedade, — é necessidade natural e eterna de efetivar o intercâmbio material entre o homem e a natureza, e, portanto, de manter a vida humana" (Marx, 1987, p. 50).

Nesse processo, o trabalho concreto ou trabalho necessário é condição da existência humana, necessidade eterna que medeia o metabolismo entre homem e natureza, portanto, a própria vida humana é determinante na produção das necessidades vitais de reprodução da vida. O trabalho abstrato ou excedente, ao contrário, é dispêndio da força de trabalho e elemento determinante da extração de mais valor. Constitui a base da produção do excedente e da exploração, sendo, portanto, elemento determinante da acumulação do capital. A mais-valia constitui, portanto, a determinação fundante da acumulação de capital. Sem mais-valia não existe possibilidade de acumulação. Ao explicar a lei geral da acumulação capitalista, Marx (1984, p. 191) sintetiza:

> Força de trabalho é aí comprada não para satisfazer, mediante seu serviço ou seu produto, às necessidades pessoais do comprador. Sua finalidade é a valorização de seu capital, produção de mercadorias que contenham mais trabalho do que ele paga, portanto, que contenham uma parcela de valor que nada lhe custa e que, ainda assim, é realizada pela venda de mercadorias. Produção de mais-valia ou geração de excedente é a lei absoluta desse modo de produção.

O Estado social no capitalismo tardio participa de forma cada vez mais crescente nesse processo, pois age direta e indiretamente na regulação, centralização e distribuição de parcelas do excedente social, que passa a compor a substância financeira de sua sustentação, ou o fundo público, como explica Behring (2010, p. 31): "(...) o fundo público é parte do trabalho excedente que se metamorfoseou em lucro, juro ou renda da terra e que é apropriado pelo Estado para o desempenho de múltiplas funções de reprodução do capital e da força de trabalho (...) o Estado se apropria também do trabalho necessário, diga-se, dos salários, via tributação, com o que o fundo público é um compósito de tempo de trabalho excedente e tempo de trabalho necessário" (p. 22).[4] Assim, quanto menos dispêndio público houver na reprodução da força de trabalho e à medida que esta é mais apropriada pelo capital, o trabalho gera mais excedente, portanto mais acumulação.

No capitalismo monopolista, ou tardio, como qualifica Mandel (1982), o Estado social participa direta e indiretamente na reprodução ampliada do capital e corporifica a função estatal de reprodução da força de trabalho e de manutenção da população não trabalhadora, por diversos meios, sendo os principais a garantia direta de benefícios e serviços, a criação do sistema de extração de impostos e a regulação estatal das atividades privadas.

Na análise de Gough (1982), o Estado social desempenha duas funções principais. A primeira é a reprodução da força de trabalho, ou seja, o estabelecimento de condições para assegurar a capacidade de homens e mulheres de trabalhar "livremente", o que é uma condição no processo de geração de mais valor. Para garantir essa capacidade, o autor distingue duas formas de reprodução da força de trabalho, às quais designa como aspectos quantitativos e qualitativos.[5] Entre os aspectos quantitativos (reprodução material), o autor localiza as atividades sociais que possibilitam à classe trabalhadora consumir valores de uso necessários à manutenção de sua capacidade de trabalho, como alimentação, vestimenta, moradia, transporte, lazer e outros. Para garantir essa capacidade, o Estado social assegura diretamente a remuneração de salários, regula os salários pagos pelo mercado e garante benefícios monetários (essencialmente os seguros vinculados ao trabalho), chamados pelo autor de "salários sociais". Para garantir o consumo dos bens adquiridos, se produz outro conjunto de valores de uso na família, em forma de serviços, como a aquisição e preparação da comida, a limpeza da casa, das roupas, sem

4. Para aprofundar o debate e polêmicas em torno do fundo público, consultar Behring (2008, 2010, 2012); Salvador (2010a e 2010b, 2012); Oliveira (1998). Observe-se que o fundo público não se compõe apenas do excedente, mas também do trabalho necessário.

5. Considero mais procedente designar tais atividades como reprodução material (ou física) e reprodução espiritual da força de trabalho, nos termos marxianos.

o que, o consumo dos bens adquiridos seria impossível. O consumo dessas duas formas de valores de uso continuamente são, portanto, essenciais para manter e repor a capacidade de trabalho.

O autor (Gough, 1982, p. 113) sinaliza que o Estado social age nesse processo de reprodução da força de trabalho de várias formas: 1) interfere na quantidade de dinheiro disponível para o consumo de indivíduos e famílias através da regulação dos salários, definição do sistema de impostos, e estabelecimento dos valores dos benefícios sociais da seguridade social; 2) regula ou mesmo determina o montante e a natureza dos valores de uso que serão adquiridos no mercado; 3) subvenciona, em parte ou totalmente, o custo de muitos valores de uso, como moradia ou alimento; e 4) proporciona diretamente valores de uso em forma de serviços como saúde (sistema público ou subsidiado) e outros serviços sociais. Sintetiza afirmando que "Em todas estas formas, o Estado de Bem-Estar[6] controla cada vez mais o nível de distribuição e o modelo de consumo na sociedade capitalista atual" (idem, p. 113).

Ao lado destas formas de reprodução da força de trabalho, designadas como "quantitativas" (reprodução material), outras são apontadas pelo autor como atividades de reprodução "qualitativas" (reprodução espiritual), que incidem sobre padrões de socialização, conduta, capacidades específicas e estruturas de personalidade. Entre essas, Gough (1982, p. 114) inclui serviços sociais como educação, assistência social e programas de qualificação de mão de obra, destinados a assegurar capacidades relativas à motivação, disciplina e integração social. Para o autor, ainda que essas duas "atividades" tenham funções específicas, elas não são dicotômicas e nem se excluem.

Além da função de reprodução da força de trabalho, a segunda função do Estado social discutida por Gough (1982) é garantir diretamente a manutenção dos indivíduos e grupos sociais que não trabalham ou estão incapacitados para o trabalho: crianças, idosos,

---

6. *Welfare State* na edição original inglesa.

doentes, pessoas com deficiência, pessoas com transtornos mentais. As funções primordiais do Estado social são, portanto, tanto a reprodução da força de trabalho em condições de realizar um trabalho (ainda que não trabalhe), da futura força de trabalho (no caso das crianças e jovens), quanto a manutenção dos incapacitados ao trabalho temporária ou permanentemente. Acrescentaria, em concordância com Mota (2008, p. 135), que as funções do Estado social não se limitam à reprodução material e espiritual da força de trabalho e à manutenção dos não trabalhadores, mas mediam a totalidade das relações sociais, incluída a reprodução das contradições sociais e a luta de classes.

Reconhecer que o Estado social possui essas funções não significa que elas se concretizem igualmente em todos os países capitalistas. Elas são inerentes ao Estado social capitalista, mas sua particularidade nacional é determinada por diversos fatores, sobretudo o grau de desenvolvimento do capitalismo, a pressão das classes sociais e a ideologia hegemônica.[7] Um traço comum do Estado social nos países capitalistas após a Segunda Guerra Mundial foi exatamente a existência de tendências similares em todos os países, apesar da enorme diversidade de suas estruturas e abrangência. A primeira convergência foi o aumento do gasto estatal com políticas sociais. A segunda foi a ampliação da seguridade social assentada nas lógicas bismarckiana (seguro) e beveridgiana (assistência). A terceira convergência foi a ampliação da regulação estatal. Ainda que nos países do capitalismo periférico, como no caso da América Latina e Caribe, não tenha se instituído um Estado social ampliado, esses três elementos de convergência estão presentes na intervenção do Estado na área social.[8]

---

7. Para uma análise sobre as matrizes ideológicas estruturadoras dos sistemas de proteção social no capitalismo, consultar a tese de doutorado de Camila Potyara Pereira (2013), intitulada "Proteção Social no Capitalismo. Contribuições à crítica de matrizes teóricas e ideológicas conflitantes". Disponível em: <http://repositorio.unb.br/handle/10482/15153>.

8. Para análise da seguridade social na América Latina e Caribe, consultar Boschetti (2008); Soares (1999); Grassi (2003 e 2004).

As particularidades nacionais das experiências concretas,[9] como grau de desenvolvimento das forças produtivas, organização e pressão da classe trabalhadora, composição das forças e partidos políticos e (des)estruturação dos processos democráticos atribuíram características específicas a cada sistema nacional. O estudo de tais particularidades rendeu uma profusão de análises comparativas e de estabelecimento de "modelos" de sistemas de proteção social, sendo as mais conhecidas as de Titmuss (1974), Flora e Heidenheimer (1981) e Esping-Andersen (1991 e 1999),[10] sempre tendo como referência as características dos sistemas de seguro bismarckiano (alemão) e assistencial beveridgiano (inglês). Essas análises comparativas distinguem os grupos de países europeus segundo sua maior ou menor incorporação das características originadas nessas duas abordagens, sobretudo seus objetivos, modo de financiamento e critérios de acesso aos direitos.

Até a década de 1980 constituíam o grupo com prevalência da lógica assistencial os países nórdicos (Suécia, Dinamarca, Noruega e Finlândia), com políticas públicas de educação, saúde, habitação e serviços sociais universais, e um regime nacional de prestações sociais não contributivas, de montantes elevados e equivalentes, asseguradas a todos em situações específicas: velhice, doença, desemprego, maternidade, formação/qualificação profissional, invalidez, pré-aposentadoria, acidente de trabalho e prestações sociais familiares (montantes

9. Os parágrafos seguintes retomam parte da análise desenvolvida no artigo "A Insidiosa Corrosão dos Sistemas de Proteção Social Europeus", publicado na revista *Serviço Social & Sociedade* (2012), mas com várias alterações.

10. Já nos manifestamos criticamente quanto ao estabelecimento de modelos e tipologias, que remetem à posição positivista de criação de tipos ideais (Behring e Boschetti, 2006), que não expressam o real em suas múltiplas determinações e particularidades. Opto por indicar as características e particularidades das experiências nacionais e apontar as similitudes e divergências. A referência aos modelos citados pelos autores não implica incorporá-los como estruturantes da análise. A conhecida tipologia formulada por Esping-Andersen (1991 e 1999) é uma das mais referenciadas e adotadas nas comparações internacionais, embora seja, também, alvo de fundamentadas críticas. Em sua análise, os sistemas de proteção social (designados por ele de *Welfare State*) se dividem em três modelos: liberal (Austrália, Canadá, Japão, Suíça, Estados Unidos, Reino Unido); conservador-corporativista (em que predominam as características bismarckianas: Áustria, Bélgica, França, Alemanha, Itália) e social-democrata (em que predominam as características beveridgianas: Dinamarca, Finlândia, Países Baixos, Noruega, Suécia).

definidos pelo número de filhos). Todas as prestações sociais eram garantidas pelo Estado, independentemente de vínculo com trabalho e/ou prévia contribuição. Mas, mesmo esses regimes mais amplos também contavam com prestações complementares de aposentadoria contributiva, vinculadas a regimes obrigatórios públicos organizados por base profissional, ainda que minoritários no conjunto das prestações sociais (Deletang, 2003; Tuchszirer, 2007; Daune-Richard e Nyberg, 2003; Palier, 2005). Esse Estado social era financiado majoritariamente por impostos fiscais (em torno de 70%) e minoritariamente (30%) por contribuições sociais extraídas dos salários (apenas as aposentadorias complementares). A gestão era pública e estatal, sustentada nas diretrizes da unificação institucional e uniformização dos benefícios. Os objetivos são garantir direitos e serviços públicos iguais para todos (Beveridge, 1943; Castel, 1995, 1998; Palier, 2005; Merrien, 2005). Em síntese, esse conjunto de países era consensualmente citado como a mais exitosa experiência capitalista de instituição de um Estado social amplo, universal, público, financiado por impostos progressivos, realidade que está sendo aceleradamente alterada, como será demonstrado adiante. Nesses países, o Estado social capitalista ainda constitui a experiência concreta mais avançada de redução das desigualdades sociais no capitalismo e de imposição de certos limites ao processo de acumulação. Isso é possível basicamente por dois motivos: financiamento majoriamente assentado em impostos de caráter progressivo e menos por contribuições extraídas diretamente dos salários e reprodução ampliada da força de trabalho e da população não trabalhadora por meio de prestações sociais elevadas com caráter universal. Mas essa condição também confirma a incapacidade estrutural do Estado social provocar a superação da desigualdade de classe e a redistribuição vertical da riqueza socialmente produzida.

Os países continentais (França, Alemanha, Áustria, Países Baixos) e os países meridionais do centro/sul da Europa ocidental (Itália, Portugal, Grécia e Espanha) compõem um segundo conjunto de países com predomínio da lógica bismarckiana de seguros sociais. Os direitos sociais são fortemente (mas não exclusivamente) estruturados em torno da organização do trabalho e por regimes profissionais, caracterizados por forte fragmentação corporativa.[11] A maioria das prestações sociais e seus montantes dependem da posição ocupada pelos trabalhadores no mercado de trabalho. As prestações sociais fundadas no seguro social reproduzem, portanto, a estrutura salarial. Em termos de objetivos, esse sistema se destina a manter a renda dos trabalhadores em momentos de ausência de trabalho. Entre esses, nos países continentais, a lógica do seguro é mais pronunciada para aposentadorias, pensões e seguro-desemprego, complementada por amplo sistema de prestações sociais familiares e programas de renda mínima não contributivos, além de serviços sociais públicos universais (educação, lazer e saúde, no caso dos países do sul). Os bens e serviços são de responsabilidade do Estado e as prestações sociais vinculadas ao trabalho são geridas por Caixas específicas nacionais, compostas por representantes do Estado e representação paritária de trabalhadores (centrais sindicais) e empregadores, designados na França como "partenaires sociaux". Nos países meridionais do sul da Europa, embora predomine a lógica do seguro, algumas especificidades os distinguem dos demais: as aposentadorias representam a maior parte das despesas sociais e são bastante diferenciadas entre os regimes, priorizando os funcionários públicos, reduzida cobertura do desemprego, pouca ênfase nas prestações familiares, e restritos programas de transferência de renda assistencial, sistemas de saúde universais e gestão estatal, com menos participação de empregadores e empregados (Whiterford, 2006). Nestes Estados Sociais, apesar das importantes diferenças entre os países continentais e meridionais do Sul, o tipo predominante de financiamento é baseado majoritariamente em contribuições extraídas diretamente dos salários e maior predominância de benefícios estratificados. Essas características indicam um Estado social com menor incidência na redução das desigualdades sociais

11. O sistema francês é um dos mais fragmentados da Europa continental, e possui aproximadamente 600 regimes de aposentadoria de base, mais de 6.000 regimes de aposentadoria complementar e 19 regimes de seguro-saúde, o que torna o sistema complexo e favorece a diferenciação de aposentadorias e pensões entre as profissões. Cf. Palier (2010a, p. 16); Behring (2013).

e mais propenso a favorecer a acumulação do capital, visto que deixa amplo espaço para a mercantilização de bens e serviços.

Outros países da Europa, como o Reino Unido — que foi o berço do sistema beveridgiano após a Segunda Guerra Mundial, mas promoveu intensa privatização após a década de 1970 —, a Irlanda e a Suíça, fogem a esses dois grupos. Nesses países, o sistema de saúde é público, com acesso igualitário e universal, mas o sistema de aposentadoria público sempre foi restrito, as prestações são reduzidas e há forte estímulo aos fundos de pensão e aos seguros privados. As prestações assistenciais são limitadas e condicionadas à baixa renda.[12] Apesar das diferenças nas lógicas estruturantes e na abrangência dos sistemas desses países, todos possuem uma característica comum que é a intervenção do Estado na regulação do mercado e na reprodução ampliada do capital.

Nos países da Américal Latina e Caribe, e especialmente nos da América do Sul, o desenvolvimento do Estado social privilegiou a lógica dos seguros para as aposentadorias e pensões e também para a saúde, à exceção do Brasil, que instituiu legalmente um sistema público universal de saúde, sendo o único no âmbito desses países. Nenhum país, contudo, concretizou um Estado social ampliado e universal.[13] Nesses, o financiamento baseado fortemente nas contri-

12. De acordo com Palier (2005, p. 7), é difícil encontrar traços comuns que permitam incluir os países da Europa central e oriental nestes "modelos". Contudo, o autor assinala que após a queda do muro de Berlim e o fim da União Soviética, esses países passaram por diferentes mudanças. Primeiramente, nos anos 1990, favoreceram a privatização dos sistemas públicos existentes e seguiram as orientações de reformas estabelecidas pelo Banco Mundial, reduzindo drasticamente os direitos e prestações sociais. Em seguida, com a perspectiva de integrar a Comunidade Europeia, alguns países rejeitaram as medidas ultraliberais e melhoraram limitadamente seus sistemas de proteção, em função de suas capacidades orçamentárias.

13. No Brasil, o sistema de regimes profissionais esteve na origem da previdência social, com as caixas de aposentadorias e pensões (CAPs), organizadas por empresas. Estas foram substituídas pelos Institutos de Aposentadorias e Pensões (IAPs), organizados por ramo de atividades, durante o governo Vargas. Os IAPs foram unificados no INPS em 1966, renomeado em INSS após a Constituição de 1988. Os trabalhadores e empregadores foram sendo gradativamente excluídos da gestão, que se tornou estatizada e centralizada, embora continuem sendo os principais financiadores da previdência social. A seguridade social brasileira está

buições sobre salário e em impostos regressivos, a predominância estrutural de relações de trabalho precarizadas e instáveis e o caráter restrito do Estado social pouco tem contribuído para redução das desigualdades de classe. Ao contrário, o capitalismo periférico e dependente sustenta-se em relações de superexploração da classe trabalhadora, de modo que o Estado social contribui de modo mais contundente para o processo de acumulação de capital, pois estimula fortemente a mercantilização de bens e serviços básicos como saúde, educação, previdência, habitação, transporte, água, energia.

Em análise não marxista, e considerando apenas os direitos de aposentadorias, Palier (2010a) avalia que todos os países do capitalismo central estruturaram sistemas de proteção social a partir de objetivos similares, como lutar contra a pobreza, garantir renda aos aposentados e melhorar a cobertura social. Mas o autor identifica quatro grupos diferentes de países, de acordo com a predominância e/ou mescla das características bismarckianas e beveridgianas.

No primeiro grupo estão os países que o autor define como "sistemas bismarckianos antigos": Alemanha, Áustria, Bélgica, Espanha, França, Itália, República Checa e Eslovênia. Tais países teriam um sistema bismarckiano mais "puro", em que a aposentadoria por idade constitui a principal (e em alguns casos a única) forma de aposentadoria.

O segundo grupo é designado como "sistemas bismarckianos de segunda geração", formado pela Suécia, Noruega, Finlândia e Reino Unido antes de 1986. Esses países, que tradicionalmente estruturaram o sistema de aposentadorias na lógica beveridgiana (valor universal, prestação não contributiva, financiada por impostos), passaram a incluir um pilar bismarckiano público em seus sistemas de aposentadorias, com prestações contributivas, proporcionais à contribuição e financiadas por trabalhadores e empregadores por sistema de repartição.

---

entre o seguro e a assistência, ao manter a previdência sob a lógica do seguro e a assistência social e saúde sob a lógica beveridgiana (Boschetti, 2006).

O terceiro grupo, composto pela Dinamarca, Países Baixos, Suíça e Reino Unido após 1986, é nominado pelo autor de "sistema multipilares", pois agregou ao já existente sistema beveridgiano outro regime obrigatório financiado por capitalização, organizado no âmbito das empresas ou por corporação profissional, a partir das imposições das instituições financeiras internacionais nos anos 1990. Além desses, o autor sinaliza que os países do leste europeu passaram a adotar este sistema misto, como Hungria, Polônia, Eslováquia, Letônia, Bulgária e Croácia.

Por fim, o quarto grupo de países, denominado de "sistemas residuais anglo-saxões", reúne a Irlanda e Nova Zelândia, onde predomina um regime básico residual, uniforme e obrigatório. A este se somam regimes de aposentadoria privados, profissionais ou individuais, financiados por capitalização e voluntários (Palier, 2010c, p. 17-18).

Tais diretrizes estabelecem as linhas gerais de conformação das experiências concretas e particularidades dos Estados Sociais capitalistas, mas, efetivamente, nenhum país possui características bismarckianas ou beveridgianas puras. Ao longo de sua constituição histórica, essas características foram sendo cada vez mais imbricadas e sofreram forte impacto pelo ambiente de crise após a década de 1970, provocando restrição ao Estado social e impondo cada vez mais limite à sua possibilidade de reduzir as desigualdades de classe e de se constituir como sistema social de ampliação de direitos.

Nestes grupos de países, a assistência social e o seguro social constituem lógicas diferenciadas, mas não antagônicas, de reprodução da força de trabalho e de não trabalhadores, profundamente imbricadas e determinadas pela organização social do trabalho na sociedade capitalista. Pelas suas características e importância na constituição do Estado social e no processo de reprodução ampliada do capital, estas duas lógicas, que se converteram em políticas sociais estruturantes do Estado social, serão analisadas em destaque nos próximos itens.[14]

---

14. O destaque à assistência social e aos seguros em sua relação com o trabalho, nesse texto, não tem nenhuma intenção de restringir o Estado social a essas políticas, mas intenta

2.2 Assistência social e trabalho: uma tensão insolúvel no capitalismo

As seções anteriores deste trabalho já anunciaram que as ações assistenciais precederam os seguros sociais e estiveram na base de constituição do Estado social capitalista, em intrínseca relação com o trabalho. As primeiras legislações de seguro social na Alemanha foram mesmo consideradas "assistenciais" na análise de Marx ao Programa de Gotha. A ampliação do Estado social como mediação determinante na reprodução ampliada do capital imprimiu mudanças nas legislações assistenciais. A assistência social passou do "dever moral de ajuda" ao "dever legal de assistência", compondo o rol dos direitos sociais nas sociedades capitalistas, sobretudo nos países do capitalismo central, mas também, em menor grau, nos países do capitalismo periférico, que passaram a incluí-la como política de seguridade social. Não foi, contudo, uma trajetória rápida e nem desprovida de tensões e conflitos. Seu reconhecimento como direito social tampouco a elevou ao *status* de outros direitos como previdência, saúde, educação. Em textos anteriores, afirmei que a condição subalterna da assistência social no conjunto das políticas sociais deve ser compreendida na sua particularidade de se constituir como uma política social em incessante conflito com as formas de organização social do trabalho no capitalismo.[15]

O reconhecimento da assistência social como direito no âmbito do Estado social capitalista não foi capaz de superar a inerente tensão entre assistência social e trabalho — embora possa tê-la diluído em alguns contextos e condições específicas — porque se trata de uma tensão insolúvel na sociedade capitalista determinada pela exploração do trabalho como condição para extração de mais-valia. O primado liberal do trabalho ou, mais precisamente, do trabalho

demonstrar o papel determinante que essas políticas sociais assumiram historicamente, e ainda assumem, no processo de constituição e reprodução do capitalismo.

15. Aprofundo aqui as análises da relação entre trabalho e assistência social no capitalismo iniciadas em outros estudos (Boschetti, 2000, 2003 e 2006).

assalariado gerador de mais valor, materializou na história o princípio segundo o qual o homem deve manter a si e à sua família com os ganhos de seu trabalho (Polanyi, 1980), ou, mais precisamente, com a venda da sua força de trabalho (Marx, 1984). Nesse processo, a assistência social sempre ocupou um lugar de participação, mais ou menos acentuada, na reprodução social, constituindo uma antiga, tensa e não resolvida relação entre o (não) trabalho e a assistência social como política estatal.

Na análise da acumulação primitiva, ou na acumulação precedente à acumulação capitalista, Marx[16] demonstrou a natureza "sanguinária" das leis fabris inglesas e das embrionárias ações assistenciais conhecidas como *Poor Law* (Lei dos Pobres) instituídas na era elizabetana[17] e que perduraram até o século XIX. Estas legislações assistenciais se somaram às primeiras iniciativas pré-capitalistas de regulação do trabalho que se iniciam com o Estatuto dos Trabalhadores de 1349, e seguem com o Estatuto dos Artesãos (Artífices) em 1563, com as leis dos pobres que se sucedem entre 1531 e 1601, a Lei de Domicílio (*Settlement Act*) de 1662, o *Speenhamland Act* de 1795 e a Lei Revisora das Leis dos Pobres (*Poor Law Amendment Act*) em 1834 (Marx, 1984; Castel, 1995, 1998; Polanyi, 2000; Pereira, 2000).

A acumulação primitiva instituiu as condições para o estabelecimento da relação capital-trabalho determinante para a produção capitalista, o que pressupõe a "separação entre os trabalhadores e a propriedade das condições de realização do trabalho" (Marx, 1984, p. 262). Esse processo de separação, segundo Marx, "transforma, por um lado, os meios de subsistência e de produção em capital, por outro, os produrotes diretos em tabalhadores assalariados. A assim chamada acumulação primitiva é, portanto, nada mais que o processo histórico de separação entre produtor e meios de produção" (Marx, 1984, p. 262). Esse processo é designado por Marx como acumulação primitiva porque constitui o que ele designa como a "pré-história"

16. Cf. Marx. A assim chamada acumulação primitiva. *O capital*. São Paulo: Ed. Victor Civita, 1984. Livro I, t. 2, v. 1, cap. XXIV. (Col. Os Economistas.)

17. O período de reinado da rainha Elizabeth foi de 1558 a 1603.

do capitalismo e corresponde ao final do século XV e todo século XVI, quando começa a se constituir uma classe trabalhadora destituída dos meios de produção e livre de relações servis, "em que grandes massas humanas são arrancadas súbita e violentamente de seus meios de subsistência e lançadas no mercado de trabalho como proletários livres como pássaros" (idem, p. 263).

A acumulação primitiva, assim, é o processo histórico que transforma os produtores em trabalhadores "livres", obrigados a venderem sua força de trabalho, ou seja, se submeterem ao assalariamento capitalista para assegurar sua subsistência. Se, por um lado, liberta-os da servidão e da coação corporativa, por outro, rouba dos trabalhadores as condições, "seus meios de produção e todas as garantias de sua existência, oferecidas pelas instituições feudais" (idem, p. 262). Sentencia Marx: "E a história dessa expropriação está inscrita nos anais da humanidade com traços de sangue e fogo" (idem, p. 262). A expropriação dos "meios de produção", mas também "de todas as garantias de sua existência" é para Marx o ponto de partida do desenvolvimento que permitiu tanto o estabelecimento do assalariamento capitalista. A "servidão" do trabalhador ao assalariamento como única forma de subsistência é, portanto, a base da relação entre capital e trabalho no capitalismo. A expropriação da base fundiária do produtor rural, do camponês é, para Marx, a base de todo o processo que lança grandes "massas humanas" no mercado de trabalho "livres como pássaros".

Ao analisar estes processos de expropriação,[18] que se iniciam em fins do século XV e primeiras décadas do século XVI, Marx aponta que se estendem até o século XIX. O primeiro grande processo de expropriação, chamado por Marx de "prelúdio do revolucionamento" (Marx, 1984, p. 264), ocorreu no último terço do século XV e primeiras décadas do século XVI com a dissolução dos séquitos feudais,

---

18. Marx sinaliza que, apesar das diferenças entre a expropriação "clássica" ocorrida na Inglaterra e em outros países como França e Itália, todos os países vivenciaram esse processo e instituíram legislações nos moldes das Leis dos Pobres Inglesas (cf. p. 263, N. R., p. 189 e p. 267, N. R., p. 196).

expulsão violenta do campesinato da base fundiária e usurpação de sua terra comunal. Outro "novo e terrível" impulso da expropriação ocorreu no século XVI com o roubo dos bens da Igreja Católica pela Reforma, pois a dissolução dos conventos lançou seus moradores na proletarização. Marx considera como expropriação a supressão de "propriedade legalmente garantida a camponeses empobrecidos de uma parte dos dízimos da Igreja" (idem, p. 266). Entre o século XVII e XVIII, Marx cita a destruição da classe de camponeses independentes (*yeomanry*). No século XVII, Marx também aponta como processo de expropriação o "roubo dos domínios do Estado" pela Revolução Gloriosa.[19] No século XIX, Marx aponta que "o último grande processo de expropriação dos lavradores da base fundiária é finalmente a assim chamada *clearing estates* (clarear propriedades, de fato, limpá-las de seres humanos" (idem, p. 271). Ao abordar cada um desses processos, Marx aponta uma distinção crucial quando demonstra que a expropriação nos séculos XVI e XVII efetivava-se como ato individual de violência, contra a qual a legislação lutou 150 anos. Mas o "progresso" dos séculos XVIII e XIX tornou a própria lei um veículo do "roubo das terras do povo" (idem, p. 269).

Ao sintetizar os processos de expropriação que constituem a base da acumulação primitiva, Marx sinaliza que

> o roubo dos bens da Igreja, a fraudulenta alienação dos domínios do Estado, o furto da propriedade comunal, a transformação usurpadora e executada com terrorismo da propriedade feudal e clânica em propriedade privada moderna, foram outros tantos métodos idílicos da acumulação primitiva. Eles conquistaram o campo para a agricultura capitalista, incorporaram a base fundiária ao capital e criaram para a indústria urbana a oferta necessária de um proletariado livre como os pássaros. (Marx, 1984, p. 275)

O que se quer sinalizar aqui é que se os processos de expropriação na acumulação primitiva pressupõem a separação dos produtores

19. A Revolução Gloriosa ocorreu no Reino Unido entre 1688 e 1689.

dos meios de produção que então estavam sob seu domínio (terra e base fundiária), o seu sentido, ou sua determinação essencial, era separar os produtores dos seus meios de subsistência que, nesse momento, constituíam tão somente o domínio da base fundiária. O sentido profundo da expropriação era retirar dos trabalhadores o único meio de subsistência que dispunham a fim de obrigá-los a vender sua força de trabalho e participar "livremente" do processo de acumulação.

Esses processos de expropriação tornaram os trabalhadores errantes, sem destino e sem condição mínima de subsistência. O reconhecimento oficial do pauperismo pelo reinado de Elizabeth na Inglaterra não se traduziu em medidas protetivas, ao contrário, tido como ameaça à ordem social, provocou reações conservadoras na direção do encarceramento dos pobres e da sua sujeição a trabalhos forçados, conforme já demonstrado. Os trabalhadores arrancados do seu modo de vida não eram absorvidos pela manufatura nascente e pelas novas condições e organização do trabalho. Passaram a constituir o que Marx designou como uma "massa de esmoleiros, assaltantes, vagabundos, em parte por predisposição e na maioria dos casos por força das circunstâncias" (idem, p. 275).

As "legislações sanguinárias" (Leis dos Pobres e Legislações Fabris) contra os expropriados, que foram instituídas desde o século XV, são consideradas por Marx como "uma legislação sanguinária contra a vagabundagem (...). A legislação os tratava como criminosos 'voluntários' e supunha que dependia de sua boa vontade seguir trabalhando nas antigas condições que já não existiam" (idem, p. 275). Essas legislações atuam na intersecção entre assistência para os pobres inválidos e punição e trabalho forçado para os capacitados ao trabalho, conforme aponta Marx (1984, p. 275-276), ao arrolar as "legislações sanguinárias" que expressam originalmente essa tensão entre trabalho e ajuda assistencial e opõem os pobres capazes àqueles incapazes para o trabalho: "1530: esmoleiros velhos e incapacitados para o trabalho recebem licença para mendigar. Em contraposição, açoitamento e encarceramento para vagabundos válidos" (...); "1547, estabelece que, se alguém se recusa a trabalhar, deverá ser condenado a se tornar escravo da pessoa que o denunciou como vadio"; "1572: esmoleiros sem licença e com mais de 14 anos de idade devem ser duramente açoitados e terão a orelha esquerda marcada a ferro, caso ninguém os queira tomar a serviço por 2 anos". Os trabalhadores sem trabalho expulsos do campo são responsabilizados pela sua condição, transformados em vagabundos e submetidos a legislações dolorosamente punitivas, utilizadas para "regular" o assalariamento nascente, ou, como afirma Marx, para enquadrá-los "numa disciplina necessária ao sistema de trabalho assalariado, por meio do açoite, do ferro em brasa e da tortura" (idem, p. 277).

Tais medidas extremas de subjugação do trabalho ao capital foram determinantes para a constituição do assalariamento, ainda que nesse período o modo de produção não possuísse um caráter especificamente capitalista, já que a "demanda de trabalho assalariado crescia, portanto, rapidamente com toda a acumulação do capital, enquanto a oferta de trabalho assalariado seguia apenas lentamente" (Marx, 1984, p. 277). Essas legislações, contudo, não deixam dúvida sobre a importância da relação entre trabalho e assistência na reprodução das relações sociais capitalistas e no uso da "força do Estado para 'regular' o salário, isto é, para prolongar jornada de trabalho e manter o próprio trabalhador num grau normal de dependência" (idem, p. 277).

Ainda que esse seja um momento específico da "acumulação primitiva", é interessante notar que, desde a origem das relações capitalistas, trabalho e assistência social vivem uma contraditória e, na minha opinião, insolúvel relação de atração e rejeição. Rejeição porque aqueles que têm o "dever" de trabalhar, mesmo quando não conseguem trabalho, precisam da assistência social, mas não têm direito a ela. O trabalho, assim, obsta a assistência social. E atração porque a ausência de um deles impele a classe trabalhadora para o outro, mesmo que não possa, não deva, ou não tenha direito. Na sociabilidade capitalista, essa tensão, levada ao extremo, conduz à pior das servidões, ou, como ressalta Castel, "a liberdade sem proteção pode levar à pior servidão: a da necessidade" (1998, p. 44).

De um mirante não marxista, Castel (1995, 1998) reconstrói o percurso do que designa como primeiras medidas de proteção social, públicas e privadas, no âmbito do que ele denomina de "social-assistencial" para demonstrar que "as populações que dependem de intervenções sociais diferem, fundamentalmente, pelo fato de serem ou não capazes de trabalhar, e são tratadas de maneira completamente distinta em função de tal critério" (Castel, 1998, p. 41). Os pobres que não podem trabalhar, devido a algum tipo de incapacidade em função da idade (crianças e idosos), de uma deficiência física ou psíquica, de uma enfermidade, ou até de alguma situação familiar ou social particular, eram isentos da obrigatoriedade do trabalho. Já os pobres em condições de trabalhar (adolescentes, homens e mulheres adultos não acometidos por nenhuma das situações antes descritas) eram repelidos pelas ações assistenciais e obrigados a se submeter a um trabalho forçado e recebiam punições em caso de negação.

Muitas das características presentes nas "legislações sanguinárias" para os trabalhadores pobres ou para os incapacitados para o trabalho podem ser identificadas na relação entre assistência social e trabalho que estruturou o Estado social a partir do século XX. Não se trata de atribuir uma condição trans-histórica a essa relação, mas de reconhecer elementos do passado que se mantêm e se reatualizam no presente. Essa tensão persistirá de modo mais sutil e menos violenta, mas não menos importante. Retomo aqui o resgate feito por Castel (1998) das características históricas[20] que foram se tecendo na Europa desde a Idade Média, inicialmente pela via da filantropia, e em seguida pela via das políticas públicas assistenciais, pois considero pertinente sua afirmação de que "As disputas contemporâneas da assistência ainda são constituídas em torno de coordenadas de que só se percebe o

20. Analisei essas características no livro *Assistência social no Brasil: um direito entre originalidade e conservadorismo* (2003), para mostrar que muitas estavam presentes na Loas. Retomo-as aqui com algumas mudanças. Cabe registrar que embora Castel não seja um autor marxista, considero que as características por ele apontadas que revelam a tensão entre trabalho e assistência social não se contrapõem ao pensamento marxiano que assumo como fio condutor da análise sobre a relação entre assistência social e trabalho no Estado social capitalista.

sentido quando relacionadas com as situações históricas em cujo seio se constituíram desde a Idade Média" (1998, p. 47).

Estes traços históricos da assistência social que se perpetuam por séculos e atravessam fronteiras não se limitam a estruturar especificamente essa política social, mas constituem mediações determinantes na reprodução das relações sociais no capitalismo. O primeiro traço destacado por Castel (1998)[21] é a relação entre assistência social e filantropia. Em suas primeiras iniciativas "pré-capitalistas", as funções protetiva, integradora e preventiva se iniciavam em sistemas relacionais comunitários (família, vizinhança, trabalho), sob a ótica da benemerência, mas foram se deslocando dessas relações para serem realizadas por estruturas de atendimento privado e público cada vez mais complexas e sofisticadas. Ou seja, a assistência social contemporânea, reconhecida legalmente como política social, guarda traços das primeiras medidas filantrópicas, o que ajuda a explicar a insistente permanência de confusão entre assistencialismo, assistência social e benemerência.

O segundo traço é que tais práticas já apresentavam esboços de especialização que, posteriormente, constituíram os núcleos de profissionalização, ou, como indica o autor, "a delimitação de uma esfera de intervenção social suscita, assim, a emergência de um pessoal específico para instrumentalizá-la" (Castel, 1998, p. 58). Em decorrência desta, o terceiro traço será, justamente, o surgimento de uma tecnicização mínima, já que os "prestadores" da ação assistencial assumem atribuições como avaliar as situações em que deve intervir, selecionar os "merecedores" de auxílio, definir categorias, conhecer a população, seja para assisti-la ou para excluí-la dos benefícios assistenciais. O quarto traço é o surgimento de uma clivagem entre práticas "intra-institucionais", por exemplo, em internatos e *workhouses*, e "extra-institucionais", por exemplo, atendimentos em domicílio.

21. As características estão sinalizadas em Castel (1998, p. 57-59, tradução brasileira). A quinta característica, que interessa mais particularmente para este trabalho, está detalhada nas páginas 69 a 94.

Porém, é o quinto traço apontado pelo autor que mais interessa ao propósito desta análise, pois se refere à lógica intrínseca à assistência social em sua relação com o trabalho no processo de reprodução material e espiritual da força de trabalho. Castel (1998) demonstra que a assistência social historicamente estabeleceu dois critérios de seleção da população pobre: o primeiro critério é do pertencimento comunitário ou da proximidade; a prioridade e, às vezes, exclusividade de atendimento é para o pobre morador da cidade;[22] o segundo critério, já mencionado anteriormente, é a incapacidade para o trabalho: a assistência social prioriza a criança, o jovem, o órfão, a pessoa com deficiência, o idoso porque são incapazes de suprir sua própria subsistência pelo trabalho. Para o autor, "essa distinção (...) circunscreve o campo do social-assistencial em sua diferença quanto às outras formas de intervenção social, voltadas para as populações capazes de trabalhar" (Castel, 1998, p. 59).

Em relação ao critério do pertencimento comunitário, esse deve ser entendido não apenas como proximidade geográfica, mas também como relação social. Castel (1998, p. 69) ressalta que o conceito cristão de fraternidade entre os homens está na essência desse critério e mostra como a assistência social se organizou localmente e historicamente estabeleceu critérios de domiciliação, no sentido de que nos remotos séculos XVI e XVII cada paróquia era responsável pelos "seus" pobres. Esse critério agia no sentido de excluir e banir estrangeiros, proibir a mendicância, recensear e classificar os necessitados, diferenciar os auxílios em função das categorias de necessitados e priorizar os auxílios aos indigentes domiciliados e incapazes para o trabalho. Tais medidas, diz o autor, adotadas inicialmente em âmbito local, foram retomadas pelas legislações nacionais em quase todos os países que hoje constituem a Europa, sendo as mais conhecidas as *poor laws* inglesas já citadas anteriormente, mas predominante igualmente na

22. Considero que o georreferenciamento que estrutura a ação dos Cras e Creas na Loas é um homólogo desse traço de proximidade. O georreferenciamento não adota esse critério ao extremo, mas constitui um "moderno" critério de seleção/atendimento das famílias por região de moradia.

legislação francesa e dos Países Baixos. Sobre esse critério de proximidade, que Castel chama de pertencimento comunitário, Marx (1984, p. 221) o atribui ao processo de expropriação dos meios de produção da classe trabalhadora no processo de acumulação primitiva: "As *workhouses* já estão superlotadas e os 'melhoramentos' já aprovados pelo Parlamento estão apenas no começo de sua execução. Se os trabalhadores são expulsos pela demolição de suas velhas casas não abandonam sua paróquia ou, no máximo, instalam-se em seus limites ou na mais próxima."

Na interpretação de Castel, as políticas de reclusão dos mendigos nas *workhouses* implantadas em escala europeia a partir do século XVII devem se vistas como medidas mais elaboradas de continuidade àquelas iniciadas no século XVI com vistas a manter o pertencimento comunitário e manter a ordem social (Castel, 1998, p. 75). O tratamento era diferenciado segundo a capacidade ou incapacidade para o trabalho. O autor mostra que, do ponto de vista institucional, o regulamento das *workhouses* combinava o enclausuramento com trabalho forçado e orações para "corrigir" os mendigos. Quanto aos pobres "beneficiados" por tais medidas "assistenciais", a reclusão visava apenas os mendigos domiciliados, ou seja, os trabalhadores pobres incapazes de se manter pelo trabalho, sendo que os "estrangeiros" e "vagabundos" deveriam sair das cidades e voltar para seus locais de origem sob repressão policial. Do ponto de vista das técnicas de intervenção assistencial no interior das *workhouses*, o autor assinala que a disciplina, o trabalho forçado, as incessantes orações, a aprendizagem da ordem e da regularidade não eram técnicas de exclusão, mas de inclusão, já que utilizavam uma pedagogia repressiva e autoritária que objetivava "reeducar" o recluso e permitir seu retorno à comunidade como um "membro útil para o Estado" (Castel, 1998, p. 77).

O princípio estruturador dessas leis era obrigar o exercício do trabalho a todos considerados como em situação de "capacidade". A assistência social, por sua vez, tinha como horizonte induzir o trabalhador a se manter por meio de seu trabalho. Associada ao trabalho forçado, a assistência social garantia auxílios mínimos (como bônus alimentar) aos pobres reclusos nas *workhouses*. Os critérios eram de tal modo restritivos e seletivos que poucos conseguiam ter acesso às medidas assistenciais. E mesmo aqueles que conseguiam eram obrigados a realizar uma atividade laborativa para justificar a assistência recebida (Polanyi, 2000; Castel e Lae, 1992; Castel, 2008, 1998). Essas leis estabeleciam uma distinção entre pobres "merecedores" (aqueles comprovadamente incapazes de trabalhar e alguns adultos capazes considerados pela moral da época como pobres merecedores, em geral nobres empobrecidos) e pobres "não merecedores" (todos que possuíam capacidade, ainda que mínima, para desenvolver qualquer tipo de atividade laborativa). Aos primeiros, merecedores de "auxílio", era assegurado algum tipo de assistência, minimalista e restritiva, sustentada pelo dever moral e cristão de ajuda, não sob a forma de direito, mas sob caráter esmolar. Nas interpretações de Polanyi (2000) e Castel (1998) a principal função dessas legislações era impedir a mobilidade do trabalhador e assim manter a organização tradicional do trabalho.

Na interpretação marxista, ao contrário, essas legislações agiam no sentido de submeter a força de trabalho às relações capitalistas nascentes. Ao se refererir à distinção entre capazes e incapazes para o trabalho, Marx (1984, p. 275) descreve: "Esmoleiros velhos e incapacitados para o trabalho recebem uma licença para mendigar. Em contraposição, açoitamento e encarceramento para vagabundos válidos". As *workhouses* se intensificaram e permaneceram até final do século XIX, assumindo caráter mais duro de punição da "vagabundagem" com vistas a obrigar a força de trabalho a se submeter às relações capitalistas. Ao discutir a Lei Geral da Acumulação Capitalista, Marx (1984) sinaliza a importância dessas legislações e das condições das *workhouses* para a acumulação: "A fim de esclarecer plenamente as leis da acumulação, é preciso ter em vista também sua situação fora da oficina, suas condições de nutrição e moradia", e complementa que o "pauperismo oficial ou a parte da classe trabalhadora que perdeu a condição de existência, a venda da força de trabalho, [e que] vegeta graças à caridade pública" (idem, p. 216).

Sobre as *workhouses*, Marx sentencia: "Mas o terrível aumento das mortes por fome (*deaths by starvation*) em Londres, durante o último decênio,[23] demonstra incontestavelmente o crescente horror dos trabalhadores ante a escravidão da *workhouse*, esse cárcere da miséria" (idem, p. 216-217).

Para Marx, a tensão entre as leis dos pobres e a exploração da força de trabalho assume a forma de mediação na constituição da superpopulação relativa:

> A Lei dos Pobres e sua administração era a mesma em 1795 e 1814. Recorde-se como essa lei foi aplicada no campo: sob a forma de esmolas, a paróquia complementava o salário nominal até a soma nominal necessária à mera vida vegetativa do trabalhador. A proporção entre o salário pago pelo arrendatário e o déficit salarial coberto pela paróquia mostra-nos duas coisas: primeiro, a queda do salário abaixo de seu mínimo; segundo, o grau em que o trabalhador rural era um composto de assalariado e indigente, ou o grau em que se transformou em servo de sua paróquia". (Idem, p. 231)

Para Marx, esta "legislação sanguinária contra a vagabundagem" tinha o propósito de rebaixar os salários e subordinar a força de trabalho ao processo de acumulação (Marx, 1984, p. 275). Para ilustrar a condição dos trabalhadores nas *workhouses* no século XIX (1867) e sua submissão a qualquer tipo de trabalho forçado em troca do mínimo para garantir a sobrevivência, Marx (1984, p. 227) cita o extrato do contundente relatório de um correspondente do *Morning Star*: "(...) Tive grandes dificuldades em abrir caminho até o portão da *Workhouse* (de Poplar), pois estava cercado por uma multidão faminta. (...) Estava à espera de bônus de pão, mas ainda não era hora de distribuição. (...) Densos montes de neve cobriam o pavimento no meio do pátio.

---

23. Marx se refere à década de 1850-1860, período posterior à aprovação da Nova Lei dos Pobres, de 1834. Esta possuía critérios muito mais duros e restritivos de assistência aos trabalhadores capacitados ao trabalho e revogou a *Speenhamland Act*, que vigorou entre 1795 e 1834 na Inglaterra. A Lei de Speenhamland será abordada adiante.

(...) Cada homem tinha por assento uma grande pedra de pavimentar e batia com um martelo sobre o granito coberto de gelo até ter quebrado 5 bushels — Então ele tinha cumprido sua tarefa diária e obtinha 3 pence e um bônus de pão".

Também ao analisar a luta pela jornada normal de trabalho,[24] Marx descreve as *workhouses* como "casa do terror", criticando os seus defensores, que a consideravam como uma "casa ideal de trabalho". Diz Marx (1987, p. 210):

> Para tanto, "para a extirpação da preguiça, da licenciosidade, e das divagações românticas da liberdade", assim como "para a redução da taxa dos pobres, para o incentivo do espírito da indústria e rebaixamento do preço do trabalho nas manufaturas", nosso fiel Eckart do capital propõe um meio eficaz, a saber, encarcerar trabalhadores que passam a depender da beneficência pública, em uma palavra, *paupers*, numa "casa ideal de trabalho" (*an ideal workhouse*).

Marx mostra que os defensores da *workhouse*, em 1770, afirmavam que esta deveria ser uma "casa de terror" com 12 horas de jornada diária de trabalhos forçados.

A interseção entre trabalho e assistência social, portanto, participa do processo de constituição da superpopulação relativa, em suas diferentes formas. Para Marx, "a superpopulação relativa existe em todos os matizes possíveis. Todo trabalhador faz parte dela durante o tempo em que está desocupado parcial ou inteiramente" (idem, 1984, p. 206). São três as formas de superpopulação relativa identificadas por Marx: líquida/flutuante, latente e estagnada.

A superpopulação relativa flutuante abrange os trabalhadores ora incorporados e ora expulsos das fábricas, siderurgias, manufaturas, minas, em que o número de ocupados cresce, ainda que seja em proporção decrescente à escala de produção. A superpopulação

---

24. Cf. *O capital*. "A Jornada de Trabalho". 11. ed. São Paulo: Bertrand Brasil, 1987. Livro 1, v. 1, cap. VIII.

relativa latente corresponde aos trabalhadores expulsos do campo pela apropriação capitalista, sem que sua expulsão seja complementada com maior atração, como ocorre com a superpopulação flutuante na indústria: "O trabalhador rural é, por isso, rebaixado para o mínimo de salário e está sempre com um pé no pântano do pauperismo" (idem, p. 208). A superpopulação relativa estagnada constitui parte dos trabalhadores ativos, mas com ocupação completamente irregular: "Ela proporciona, assim, ao capital, um reservatório inesgotável de força de trabalho disponível. Sua condição de vida cai abaixo do nível normal médio da classe trabalhadora, e exatamente isso faz dela uma base ampla para certos ramos de exploração do capital" (idem, p. 208). Nessa forma de superpopulação relativa estagnada, Marx distingue o trabalho domiciliar, que absorve os trabalhadores supérfluos da indústria e da agricultura e se expande, "na medida em que, com o volume e a energia da acumulação, avança a 'produção da redundância'" (idem, p. 208). O trabalho domiciliar também assegura a autorreprodução e autoperpetuação da classe operária. O pauperismo é o "mais profundo sedimento da superpopulação relativa" e, segundo Marx, é composta por três categorias. A primeira é composta pelos "aptos ao trabalho"; a segunda é formada pelos "órfãos e crianças indigentes", candidatos ao exército industrial de reserva; e a terceira é constituída pelos "degradados, maltrapilhos, incapacitados para o trabalho" (idem, p. 207-208). O pauperismo é a camada social mais aviltada e "constitui o asilo para inválidos do exército ativo de trabalhadores e o peso morto do exército industrial de reserva" (idem, p. 208).

A capacidade/incapacidade para o trabalho constitui, portanto, em associação com a assistência social, uma forma de mediar a reprodução da superpopulação relativa, especialmente a estagnada. Na maioria das vezes, a assistência social limitou-se à participação no processo de reprodução das duas camadas constituídas pelas crianças e incapacitados para o trabalho, nos termos marxianos. Em sua longa travessia da caridade religiosa e laica ao direito social, "o núcleo da assistência constitui-se na interseção desses dois eixos. Sua extensão depende do sentido, que não é imutável, dado a cada um dos critérios", o da proximidade e da incapacidade ao trabalho, conforme demonstrou Castel (1998, p. 86). Somente no século XX, com o reconhecimento da assistência social como direito no âmbito do Estado social, essa política social assume uma relação menos antagônica, mas sempre tensa, com o trabalho, no processo de reprodução da superpopulação relativa estagnada composta pelos capacitados para o trabalho.

Evidente que o predomínio e extensão destes critérios na delimitação do campo da assistência social não foi e não é mecânico e absoluto. Sua construção é histórica e processual, permeada por contradições e, como tal, modifica-se e insere-se na dinâmica dos movimentos e das lutas sociais ou, como sinalizou Castel: "Toda assistência se move com essa contradição. Apresenta e reitera a exigência da incapacidade de trabalhar para ter os benefícios dos auxílios, e também amiúde a adapta e a trai" (1998, p. 92).

A superpopulação relativa estagnada formada pelos mendigos "inválidos", assim, podia contar com medidas assistenciais, sobretudo quando preenchiam o critério da proximidade de domicílio. Para esta população, as ações poderiam ser limitadas, restritas, mas não colocavam problemas "morais" e estavam na ordem das prioridades. A superpopulação relativa estagnada constituída pelos trabalhadores expropriados, transformados em mendigos "capacitados ao trabalho", contudo, eram considerados como vagabundos, como párias da sociedade, ou, para usar um termo da época, "maus pobres" (Mollat, 1978), já que eram responsabilizados por não trabalhar, devido a um "espírito ocioso e indolente". Para esses, a "legislação sanguinária" tinha duplo significado: submeter ao trabalho forçado obrigatório ou a bárbaras penalidades. As leis dos pobres "pré-capitalistas" agiam como um crivo para separar os capazes dos incapazes, para assistir minimamente os "inválidos", forçar ao trabalho e reprimir os trabalhadores "válidos". (Pereira, 2000)

Essas legislações impunham um "código coercitivo do trabalho" (Castel, 1998, p. 76) e eram sustentadas por princípios comuns: estabelecer o imperativo do trabalho a todos que dependiam da venda da força de trabalho para sobreviver; obrigar o trabalhador pobre a aceitar o primeiro trabalho que lhe fosse oferecido; proibir a retribuição ao trabalho efetuado, ou seja, o pobre não poderia negociar formas de remuneração; proibir a mendicância dos pobres válidos, obrigando-os a se submeter aos trabalhos "oferecidos". Nesse sentido, diz o autor: "O código do trabalho é formulado em oposição explícita ao código da assistência" (1998, p. 99). Assistência social e trabalho, assim, se conjugam na regulação das relações sociais capitalistas emergentes como esferas antagônicas: assistência social mínima aos incapazes e trabalho forçado aos capacitados para o trabalho. Pode-se considerar, portanto, que desde as origens da acumulação primitiva, a participação das protoformas da assistência social na mediação do processo de reprodução social era mais diretamente relacionada à superpopulação relativa estagnada em situação de pauperismo e incapacitada ao trabalho.

Essa condição sofre uma sutil mas impactante mudança, no período entre 1795 e 1834 quando vigorou a Lei de Speenhamland na Inglaterra. A análise de Polanyi (1980, p. 101), na mesma linha analítica de Castel, considera que sob o império das leis dos pobres predominantes até o final do século XVIII, esses "eram forçados a trabalhar com qualquer salário que pudessem conseguir e somente aqueles que não conseguiam trabalho tinham direito à assistência social; nunca se pretendeu e nem se concedeu qualquer assistência sob a forma de *abono salarial*". A Lei de Speenhamland, instituída em 6 de maio de 1795, provou uma pequena alteração em relação às anteriores, pois assegurava uma prestação monetária assistencial ao trabalhador pobre capacitado ao trabalho. A lei garantia um sistema de abonos, em complementação aos salários, cujo valor baseava-se no preço do pão. Diferentemente das leis dos pobres anteriores, a *Speenhamland Act* garantia assistência aos trabalhadores pobres que recebessem abaixo de determinado salário, independentemente do critério da inaptidão ao trabalho, mas mantinha o critério da domiciliação: "Renda mínima antes mesmo da definição de seu conceito, mas que tem como contrapartida uma exigência estrita de domiciliação e a interdição da mobilidade geográfica da mão de obra" (Castel, 1998, p. 178).

Essa legislação é considerada a primeira iniciativa de estabelecimento legal de um "benefício assistencial monetário" aos pobres válidos, independente do exercício do trabalho remunerado. Embora o montante fosse irrisório, era um direito assegurado em lei. Na interpretação de Polanyi (1980), essa iniciativa protegia o direito à vida e agiu como forma de resistência à implantação da sociedade de mercado, já que a instituição desse sistema de abonos "(...) introduziu uma inovação social e econômica que nada mais era que o 'direito de viver' e, até ser abolida, em 1834, ela impediu efetivamente o estabelecimento de um mercado de trabalho competitivo" (Polanyi, 1980, p. 100).

Enquanto as leis dos pobres anteriores obrigavam o trabalhador a aceitar qualquer trabalho a qualquer preço, a Lei Speenhamland, de forma bastante limitada, "protegia" o trabalhador e lhe permitia "negociar" o valor de sua força de trabalho, impondo algum limite (ainda que muito restrito) ao mercado de trabalho competitivo, já que "durante a vigência da *Speenhamland Law*, o indivíduo recebia assistência mesmo quando empregado, se seu salário fosse menor do que a renda familiar estabelecida pela tabela. Ora, nenhum trabalhador tinha qualquer interesse material em satisfazer seu empregador, uma vez que a sua renda era a mesma qualquer que fosse o seu salário" (Polanyi, 1980, p. 101). Em certa medida, diz o autor, essa lei freou ou reduziu o ritmo do processo de proletarização imposto pela revolução industrial nascente. Tratava-se, afirma o autor, de uma primeira medida de proteção "à vida e aos salários com fundos públicos". Apesar do potencial inovador dessa lei em relação às anteriores e de seus efeitos no possível "retardamento" do livre mercado, o autor ressalta seu caráter contraditório, pois na mesma medida em que garantia um mínimo de subsistência ao trabalhador, também contribuía para reduzir a produtividade, baixar o valor dos salários e aumentar a indigência. Este paradoxo era inevitável, considerando a força competitiva da sociedade de mercado que se instalava sob a Revolução Industrial e que exigia um mercado de trabalho livre, onde os trabalhadores fossem obrigados a vender sua força de trabalho e se subjugar às leis do capital.

A sua revogação, em 1834, pela *Poor Law Amendment Act*, também conhecida como *New Poor Law* (Nova Lei dos Pobres), marcou o predomínio, no capitalismo, do primado liberal do trabalho como fonte única e exclusiva de renda, e relegou a já limitada assistência aos pobres capacitados ao trabalho ao domínio da filantropia e das *workhouses*. A nova lei dos pobres revogou os direitos assegurados pela Lei Speenhamland, aboliu o "direito de viver", nas palavras de Polanyi (1980, p. 105), restabeleceu a assistência interna nos albergues para os pobres "inválidos", reinstituiu a obrigatoriedade de trabalhos forçados para os trabalhadores pobres "válidos" nas *worhouses* e deixou à própria sorte uma população de pobres e miseráveis sujeitos à "exploração sem lei" do capitalismo nascente. O sistema de salários baseado no livre mercado exigia imperativamente a abolição do "direito de viver". A Lei Geral da Acumulação se impunha com toda força sobre qualquer medida que pudesse impedir ou limitar a exploração da força de trabalho.

Se as legislações pré-capitalistas eram restritivas e agiam na intersecção da assistência e do trabalho forçado, o "abandono" dessas tímidas iniciativas de "proteção" lança os pobres trabalhadores à "servidão da liberdade sem proteção", levando ao limite a exploração da força de trabalho "livre como um pássaro". O pauperismo ganha contornos de fenômeno designado como "questão social" e põe a nu o caráter antagônico da acumulação assentada na acumulação de riqueza e acumulação da miséria (Marx, 1984, p. 210), ou, como sentencia Marx: "Quanto maior, finalmente, a camada lazarenta da classe trabalhadora e o exército industrial de reserva, tanto maior o pauperismo oficial. Essa é a *lei absoluta geral da acumulação capitalista*. Como toda lei, é modificada em sua realização por variadas circunstâncias" (Marx, 1984, p. 209; grifos do autor).

Ou, na análise de Polanyi (1980, p. 107):

> Se durante a *Speenhamland* cuidava-se do povo como de animais não muito preciosos, agora esperava-se que ele se cuidasse sozinho, com todas as desvantagens contra ele. Se a *Speenhamland* significava a miséria da degradação abrigada, agora o trabalhador era um homem sem lar na sociedade. Se a *Speenhamland* havia sobrecarregado os valores da comunidade, da família e do ambiente rural, agora o homem estava afastado do lar e da família, arrancado de suas raízes e de todo o ambiente de significado para ele. Resumindo, se a *Speenhamland* significava a decomposição da imobilidade, agora o perigo era a morte por exposição.

O imperativo capitalista de "liberdade do trabalho" fez com que o capitalismo regredisse mesmo em relação a essas embrionárias formas restritivas de legislação assistencial e lançasse a classe trabalhadora à exploração desmedida. A Lei Geral da Acumulação mantém o trabalhador "livre como um pássaro" completamente subordinado ao capital: "(...) a lei que mantém a superpopulação relativa ou exército industrial de reserva sempre em equilíbrio com o volume e a energia da acumulação prende o trabalhador mais firmemente ao capital do que as correntes de Hefaísto agrilhoaram Prometeu ao rochedo" (Marx, 1984, p. 2010).

As sucessivas leis fabris que desfilam a partir do século XIX limitam ainda mais a assistência aos pobres incapacitados ao trabalho, já que mesmo crianças e jovens são submetidos ao trabalho. Também revelam a luta da classe trabalhadora por melhores condições de vida e contra a superexploração da força de trabalho. Sinaliza Marx que "nada caracteriza melhor o espírito do capital que a história da legislação fabril inglesa de 1833 até 1864!" (Marx, 1987, p. 212). A primeira lei fabril de 1833 ampliava a jornada de trabalho para 15 horas diárias, permitia o trabalho de adolescentes entre 13 e 18 anos por 12 horas diárias, e limitava o tabalho de crianças entre 9 e 13 anos a 8 horas diárias, mas criava turnos de trabalho extremamente extenuantes para essas crianças, de modo que um turno começava as 5h30 da madrugada e se estendia por 8 horas sem intervalo, e outro turno começava as 13h30 e ia até 20h30. Sob pressão dos trabalhadores fabris, que fizeram da lei das 10 horas sua palavra de ordem, outras leis foram aprovadas e impuseram algum limite a essa condição, mas como descreve Marx:[25] "de nenhuma forma apaziguado, o capital inaugurou agora por vários anos, uma estrepidosa agitação" (Marx, 1988, p. 213), o que significa dizer que o capital resistiu ferozmente à implementação da jornada normal e à proibição do trabalho de crianças, velhos e mulheres, infringindo as leis e criando artimanhas para burlá-las.

As lentas e pontuais conquistas foram progressivas e submetidas a avanços e retrocessos no contexto da luta de classes. Afirma Marx que "sua formulação, reconhecimento oficial e proclamação pelo Estado foram o resultado de prolongadas lutas de classes" (idem, p. 215). A lei das 10 horas entrou em vigor apenas em 1º de maio de 1848, mas somente em 1850 uma nova Lei Frabril regulou a jornada de trabalho de todos os trabalhadores no ramo industrial, e somente após 1864 ela se generalizou, deixando de ser uma "legislação de exceção". Foi esse longo processo de conquista da jornada de 10 horas pela classe trabalhadora na Inglaterra que Marx reconhece como importante conquista para a emancipação política, apontando, contudo, seus limites na ordem burguesa:

> A história da regulamentação da jornada de trabalho em alguns modos de produção e a luta que ainda prossegue em outros por essa regulamentação demonstram palpavelmente que o trabalhador individual, o trabalhador como "livre" vendedor de sua força de trabalho a certo nível de amadurecimento da produção capitalista encontra-se incapaz de resistir. A criação de uma jornada normal de trabalho é, por isso, o produto de uma guerra civil de longa duração, mais ou menos oculta, entre classe capitalista e a classe trabalhadora. (Idem, p. 227)

A "descoberta" do trabalho livre como produtor de valor de troca e sua potencialidade na e para a acumulação (Marx, 1987)

---

25. Não cabe aqui a análise detalhada da árdua luta pela jornada normal de trabalho. Sua leitura é, contudo, imprescindível para compreender a importância dessa conquista e as ferozes resistências do capital. Ver Marx (1987, p. 211-229).

precisou o significado do trabalho na sociabilidade capitalista. Ainda que na sociedade pré-capitalista as atividades de trabalho fossem indissociáveis das demais atividades da vida social (Marx, 1987), já no período da acumulação primitiva, a relação estabelecida entre trabalho para os "capazes" e assistência social para os "incapazes" cristalizou determinados vínculos de atração e rejeição que perduraram nas sociedades capitalistas burguesas. Foi somente pela luta coletiva dos trabalhadores como classe social, obrigada a vender sua força de trabalho e se submeter à exploração sem lei, que as conquistas por direitos do trabalho no capitalismo foram possíveis: "Como 'proteção' contra a serpente de seus martírios, os trabalhadores têm de reunir suas cabeças e como classe conquistar uma lei estatal, uma barreira social intransponível, que os impeça a si mesmos de venderem a si e à sua descendência por meio de contrato voluntário com o capital, à noite e à escravidão" (Marx, 1987, p. 229).

A instauração da sociedade de mercado agudizou as contradições desencadeadas pela superexploração da força de trabalho como elemento determinante da acumulação do capital nas sociedades capitalistas e intensificou a reação e resistência da classe trabalhadora, o que assegurou a conquista de direitos do trabalho antes inexistentes. Conforme já demonstrado, a relação de atração e rejeição entre assistência social e trabalho tem origem anterior à consolidação da sociedade de mercado, mas perpetua-se na sociabilidade capitalista e mantém-se no capitalismo contemporâneo, com matizes que alteram sua ênfase e abrandam sua intensidade, mas mantém sua indissociabilidade no processo de reprodução da força de trabalho.

As "lutas pela jornada normal de trabalho" (Marx, 1987) iniciaram a conquista de direitos do trabalho e a imposição de limites ao "trabalho livre" e abriram caminho para as novas regulamentações sociais e do trabalho. As principais políticas que conformaram e consolidaram o Estado social nos países capitalistas centrais no século XX nasceram dessas lutas, foram orientadas pelo primado do trabalho e instituíram-se como direitos derivados do trabalho. Na impossibilidade de garantir o direito ao trabalho para todos (o que é impossível nos marcos do capitalismo), a sociabilidade capitalista encontrou uma fórmula bem adequada e compatível ao "equilíbrio" entre reprodução da superpopulação relativa e acumulação: garantia de direitos condicionados ao trabalho para os trabalhadores capazes, necessários à sua reprodução em momentos de incapacidade para o trabalho. Esse princípio orientou a construção do Estado social em praticamente todos os países capitalistas centrais e periféricos, ainda que suas particularidades histórico-sociais materializem experiências concretas diferenciadas. A capacidade/incapacidade ao trabalho continuou determinando a conformação do núcleo estruturante do Estado social — a seguridade social — e instituiu uma nova forma de relação entre trabalho, assistência social e seguros.

2.3 Assistência social e seguros: uma justaposição clássica

Ao longo deste trabalho, reitera-se que a luta de classes foi determinante na conquista, pela classe trabalhadora, tanto dos direitos trabalhistas como salário, redução de jornada de trabalho, férias, como dos direitos derivados do trabalho, em forma de seguros sociais, como aposentadorias, pensões, auxílios. A lógica do seguro social, inaugurada na Alemanha Bismarckiana, ainda estrutura a política de previdência social e da saúde[26] em muitos países do capitalismo central e periférico. Essa lógica se soma à lógica da assistência social, e estas três políticas sociais compõem a seguridade social que, por sua vez, constitui o núcleo estruturante do Estado social capitalista.

A relação histórica entre a lógica da previdência (seguro) e da assistência social, inerentes à seguridade social, faz com que, contra-

---

26. No Brasil, no âmbito da política de saúde, integrante do sistema de seguridade social, a medicina preventiva, os serviços e a assistência médica escapam a essa lógica, mas o seguro-saúde, ou o que chamamos no Brasil de auxílio doença, segue a lógica do seguro social.

ditoriamente, estas políticas vivam uma relação de atração e rejeição, constituindo assim uma unidade de contrários na sociabilidade capitalista. É essa justaposição entre assistência social e seguros,[27] mediada pelo trabalho, que será aqui discutida, a fim de mostrar como essas políticas se associam e se repelem no processo de reprodução da força de trabalho. Se, nos primórdios do capitalismo, a relação entre assistência social e trabalho era determinada de forma direta pela capacidade/incapacidade ao trabalho, a incorporação da lógica do seguro como principal elemento definidor dos direitos derivados do trabalho passou a mediar a ação do Estado social na reprodução da força de trabalho.

O trabalho é a determinação que assegura o acesso aos seguros sociais, definindo a natureza e o montante dos direitos legalmente reconhecidos em sistema nacional de proteção social. Só tem acesso aos seguros o trabalhador que, via trabalho, teve parcela de seu salário (ou rendimento derivado do trabalho) subtraída no presente para assegurar um benefício monetário no futuro.

Pode-se dizer que os seguros sociais participam mais diretamente da reprodução da força de trabalho empregada e da superpopulação relativa latente e flutuante, desde que essa já tenha participado ativamente de relações de trabalho estáveis. Já as prestações monetárias asseguradas pela assistência social têm suas funções determinadas pelas injunções do trabalho e pela expansão ou retração dos seguros sociais. Nos países do capitalismo central, em contexto de expansão do Estado social capitalista após a Segunda Guerra Mundial, a assistência social participou ativamente na garantia de benefícios monetários para reprodução social dos "incapacitados" para o trabalho (crianças, idosos, pessoas com deficiência). Também participava de modo complementar na reprodução da força de trabalho, seja por meio de prestações monetárias para as famílias em situações específicas

27. Esse item incorpora parcialmente reflexões desenvolvidas no capítulo 1 do livro *Assistência social no Brasil: um direito entre a originalidade e o conservadorismo*; e no capítulo 3 do livro *Seguridade social e trabalho: paradoxos na construção das políticas de previdência e assistência social.*

(família monoparental, auxílio moradia, auxílio educação, entre outros), seja na prestação de serviços sociais não monetários. Em contexto contemporâneo de crise do capital e ampliação do desemprego, a assistência social (especialmente por meio de programas assistenciais de renda mínima) passa a assegurar mais diretamente a reprodução da superpopulação relativa tanto estagnada quanto latente e flutuante, ou seja, da força de trabalho expulsa de relações de trabalho estáveis. Ainda que o Estado social tenha assumido configurações diferenciadas e que sua abrangência seja absolutamente distinta nos países do capitalismo central e periférico, o que se constata é que a intersecção entre assistência social e trabalho estrutura praticamente todos os Estados sociais capitalistas contemporâneos.

Em direção semelhante à análise aqui empreendida, desde meados da década de 1990 os estudos de Mota (1995, 2008a, 2008b) chamam a atenção sobre a centralidade que a assistência social vem assumindo paralelamente à redução de direitos no âmbito da previdência, saúde e trabalho. A autora reitera o "fetiche" da assistência social como mecanismo de enfrentamento da desigualdade social, e demonstra seu lugar como mediação na reprodução social. Ao se referir ao Brasil, mostra que as contrarreformas da seguridade social iniciadas na década de 1990 provocam uma "clivagem da política social em torno de dois polos: *a privatização* e a *assistencialização da proteção social*, instituindo, ao mesmo tempo, as figuras do cidadão-consumidor e do cidadão-pobre, este último objeto da assistência social" (2008b, p. 135). Embora não aborde aqui a expansão da assistência social como um processo de *assistencialização da proteção social*,[28] concordo inteiramente

28. Os trabalhos de Mota citados são inspiradores e instigadores da reflexão aqui empreendida, e concordo com os polos sinalizados pela autora, tanto que procuro demonstrar como a expansão da assistência social vem ocorrendo em todos os países capitalistas e como esse processo amplia sua participação no processo de reprodução ampliada da força de trabalho. Contudo, o processo de assistencialização da proteção social (ou da seguridade social) engloba não somente a expansão da assistência social, mas também pressupõe demonstrar de que maneira outras políticas sociais estão se "assistencializando". Não temos como tratar desse processo aqui, motivo pelo qual me atenho à expansão da assistência social. O debate sobre assistencialização também pode ser encontrado em Behring (2008b).

com a reflexão de Mota quando chama a atenção para o processo de mitificação que se opera quando à assistência social é atribuída a função de enfrentar a pobreza, o que desloca o "lugar que a precarização do trabalho e o aumento da superpopulação relativa tem no processo de reprodução social" (2008b, p. 141).

Nos países do capitalismo central, há unanimidade na compreensão de que os seguros sociais tiveram um papel fundamental no que autores como Donzelot (1994) designam como recomposição da esfera do direito. Nas análises de cunho social-democrata são considerados como uma "técnica universalista" que teria possibilitado universalizar a seguridade social (Castel, 1995, 1998; Ewald, 1986; Polanyi, 1980) no período conhecido como "anos de ouro do capitalismo". A lógica do seguro está fundada no que alguns autores denominam de "solidariedade profissional" (Bichot, 1991; Laroque, 1989) porque é a contribuição dos trabalhadores em atividade que assegura os direitos daqueles que, por algum motivo, encontram-se em situação de "inatividade", para utilizar o jargão próprio dos especialistas governamentais.

A social-democracia europeia, na sequência do reformismo alemão já discutido no capítulo precedente, instituiu os seguros sociais como uma "fórmula" que possibilitou atender a algumas demandas da classe trabalhadora e reduzir as situações de precariedade das condições de vida dos trabalhadores sem eliminar a propriedade privada nem engendrar mudanças profundas nas relações capitalistas de produção. Na análise não marxista de Castel, isso só foi possível porque o capitalismo encontrou uma estratégia para reconstruir três elementos sob uma ótica diferente da perspectiva da luta de classes. Os três elementos envolvem a noção de coletivo de produtores, a noção de direito, e a noção de propriedade (Castel, 1995).

Em relação à noção de coletivo de produtores, a perspectiva de "solidariedade" inter e intrageracional,[29] própria da lógica do seguro social, permitiu, por um lado, superar a concepção tradicional das

29. A "solidariedade inter e intrageracional" predomina apenas nos chamados regimes de repartição públicos. Os regimes de capitalização públicos ou privados rompem com essa lógica.

relações sociais "naturais", reduzidas à relação moral por meio das estratégias de tutela e patronato. Por outro lado, permitiu superar a perspectiva liberal do individualismo e do contrato social, mas também possibilitou enfrentar e fragilizar a perspectiva de coletivização da propriedade privada, representada pelo socialismo revolucionário. A "solidariedade" proposta pelo e no seguro social capitalista, portanto, está na base da negação tanto do individualismo liberal quanto do coletivismo socialista, que requer a solidariedade de classe, o que é incompatível com o capitalismo. A transformação desse princípio de solidariedade em direitos de cidadania, ou seja, sustentados no *status* de cidadão, conforme já discutido anteriormente, é o fundamento de base da proteção do tipo previdenciário (fundada na lógica do seguro): "O conhecimento das leis da solidariedade é, fundamentalmente, a tomada de consciência da interdependência das partes na sua relação com o todo, que é a lei natural para os viventes e a lei social para a humanidade" (Castel, 1995, p. 276-277). Conforme assume Castel (1995, 1998), é a concepção sociológica durkheimiana, portanto, a concepção funcionalista da sociedade, que forneceu os elementos fundadores da solidariedade estruturante dos seguros sociais.

Essa forma de relação social construída a partir do reconhecimento dos direitos do trabalhador individualmente, nos marcos da sociabilidade capitalista, está na base do paradigma previdenciário de proteção social, que não pretende o princípio de equidade, ao contrário, trata-se de reconhecer que a sociedade moderna forma um "conjunto de condições desiguais e interdependentes" (Castel, 1995, p. 278). No Estado social capitalista, estas desigualdades e interdependências devem ser preservadas porque, nessa ótica, elas resultam da própria dinâmica da sociedade e da divisão social do trabalho. Ou seja, esse Estado social é uma resposta de cobertura dos riscos ou de situações que poderiam conduzir a uma indesejada "desintegração social", ou à agudização da luta de classes, na terminologia marxiana.

Para concretizar esse princípio de solidariedade, o Estado social assume a função de partícipe da regulação das relações sociais e econômicas de modo a administrar os conflitos e os direitos e deveres dos "cidadãos". O objetivo dessa fórmula não é de alcançar a igualdade de condições, mas somente a igualdade de oportunidades,[30] que seria garantida pelo *status* de cidadania nos termos marshallianos. A proteção dos riscos aos quais os indivíduos estão submetidos cotidianamente nas relações capitalistas, independentemente de sua vontade, é uma forma de garantir a justiça social sem colocar em risco a propriedade privada. Assim, o "Estado pode e deve intervir para que, a despeito da continuidade da desigualdade, ele faça justiça a cada um, no seu lugar" (Castel, 1995, p. 280).

Por se basear em uma lógica completamente diferente da assistência social tradicional, o seguro social revelou-se uma forma de proteção inédita na história. Primeiro porque incorpora aquelas populações tradicionalmente excluídas da assistência social: os trabalhadores pobres capazes de trabalhar. Em seguida, porque opera uma mudança de fundo no âmbito do direito e se propõe a estabelecer um tipo de proteção (limitada) desvinculada da propriedade privada. Ao garantir uma proteção ligada e mesmo derivada do trabalho, resultante da contribuição de empregadores e trabalhadores, a lógica do seguro rompe com a lógica da segurança dependente exclusivamente da propriedade privada. A extensão do seguro obrigatório (previdência, pensões, seguro-desemprego, seguro-saúde) a todos os trabalhadores assalariados (ou contribuintes) introduz a possibilidade de estar parcialmente protegido de todos (ou quase todos) os "riscos" da existência, à condição de ter, o trabalhador, participado de relações estáveis de trabalho ou ter contribuído diretamente para a seguridade social.

A justaposição da previdência e da assistência social revela-se também pela natureza de complementaridade inerente a essas políticas nessa perspectiva de seguridade social. Enquanto a previdência se destinaria aos trabalhadores "capazes" e em condições de exercer uma atividade laborativa, a assistência social, em tese, se destinaria

30. Para a crítica à igualdade de oportunidade, ver (Santos, 2008, 2010).

àqueles que, por "incapacidade" ao trabalho (em decorrência de idade e/ou deficiência) ou por insuficiência de renda (ausência de trabalho ou baixa remuneração) não teriam acesso à previdência. São políticas destinadas a amparar aspectos ou manifestações diferentes de um mesmo fenômeno: a relação do homem com o trabalho. Essa justaposição, entretanto, produz uma dupla categorização: é a obrigação do trabalho (assalariado ou não) que garante o direito aos benefícios previdenciários de cobertura dos riscos sociais; e é a obrigação de se ter sérias razões que justifiquem o não exercício do trabalho que garante o direito às prestações assistenciais monetarizadas.[31]

Essa proteção social condicionada ao trabalho foi determinante na estruturação do Estado social, cujo núcleo central é a seguridade social. De forma demasiadamente otimista com a seguridade social, Castel considera que sua universalização corresponde à instituição de uma espécie de "propriedade social": "A seguridade social é proveniente de uma sorte de 'transferência de propriedade' pela mediação do trabalho e sob a égide do Estado. Segurança social e trabalho tornaram-se substancialmente ligados porque, em uma sociedade que se reorganiza em torno do trabalho assalariado, é o *status* dado ao trabalho que produz o homólogo moderno das proteções tradicionalmente asseguradas pela propriedade privada" (Castel, 1995, p. 300-301). Para o autor, com a previdência social, os benefícios e prestações se tornam uma "propriedade social" dos trabalhadores contribuintes. O reconhecimento desta "propriedade social" permitiria aos trabalhadores não proprietários, ou seja, àqueles que só têm a venda da força de trabalho como meio de sobrevivência, de transitar de uma situação de segurança condicionada à propriedade privada à uma situação de segurança resultante da participação no mundo do trabalho.

31. Ainda que os contemporâneos programas de transferência de renda tenham rompido parcialmente com essa dupla categorização, já que abrangem trabalhadores capacitados ao trabalho, ainda alimentam a perspectiva de responsabilização do indivíduo por sua condição de desemprego, ao exigir contrapartidas e condicionalidades que "exigem" a demonstração inequívoca de interesse e ação na busca de emprego, o que será discutido no próximo capítulo.

Nessa análise de Castel, não somente os benefícios monetários, mas todos os serviços sociais assegurados pelo Estado social constituem uma "propriedade social". As instituições sociais promoveriam a participação de todos à "coisa pública" e seriam capazes de garantir aos cidadãos certa igualdade, à condição de não confundir igualdade e igualitarismo: "O desenvolvimento da propriedade social e dos serviços públicos representa assim a realização do programa solidarista contra o individualismo-egoísmo do liberalismo clássico" (Castel, 1995, p. 309). O seguro social, por sua vez, diferentemente dos serviços, seria uma modalidade de "propriedade social" que supera o próprio limite de permanecer uma propriedade coletiva e impessoal. Os serviços públicos, de um modo geral (como a educação, a saúde e a habitação social) seriam também uma "propriedade social", mas não são passíveis de apropriação por um indivíduo em particular. No caso de um acidente pessoal que torna o indivíduo desprovido de recursos financeiros, os serviços públicos não podem resolver o problema da subsistência. O indivíduo possui necessidades pessoais que ele precisa satisfazer com meios pessoais como, por exemplo, se alimentar e morar, se ele não tem um patrimônio privado. Nessas condições, como assegurar um mínimo de segurança social àqueles que nada possuem? Para o autor, a seguridade social, baseada na lógica do seguro, é a resposta capitalista: "É possível existir um 'patrimônio pessoalmente atribuível que não seja privado' — que seja então social — mas suscetível de usufruto privado? Esta verdadeira pedra filosofal (...) foi encontrada. Trata-se das prestações previdenciárias públicas obrigatórias: um patrimônio cuja origem e regras de funcionamento são sociais, mas que 'assume uma função' de patrimônio privado" (Castel, 1995, p. 310).

Para Castel, os direitos decorrentes do exercício do trabalho assalariado permitiram à sociedade capitalista superar a oposição absoluta entre trabalho-propriedade e enfrentar a "questão social" no capitalismo: "Aqui reside o cerne da questão social: a maior parte dos trabalhadores serão tão mais vulneráveis e miseráveis quanto mais continuarem privados das proteções dependentes da propriedade privada" (Castel, 1995, p. 300). Enquanto na tradição marxista a chamada "questão social" está indissociavelmente determinada pela lei geral da acumulação capitalista, sendo impossível sua superação nos marcos desta sociabilidade,[32] para Castel (1995, 1998) a questão social é determinada pela condição precarizada do trabalho. Assim, em sua abordagem, a conquista de direitos que garantem segurança social aos não proprietários foi uma forma histórica de "solucionar" a questão social nos países do capitalismo central.[33] O Estado social capitalista, ao instituir a seguridade social, considerada por ele uma "propriedade social", teria encontrado uma "pedra filosofal" que, ao mesmo tempo, guardou o caráter privado dos meios de produção e garantiu a segurança social dos não proprietários. Desse modo, os seguros sociais, materializados na seguridade social, revelaram-se como resposta "adequada" ao capitalismo, no sentido de não colocarem em xeque a propriedade privada e, ao mesmo tempo, garantirem a reprodução da força de trabalho.

Ainda que seja um direito conquistado, fruto da luta de classe como mediação para garantir melhores condições de vida e de trabalho, a seguridade social não constitui um processo de socialização da propriedade, de redistribuição de renda, de desmercantilização dos serviços e tampouco de emancipação humana. Também não constitui uma "propriedade social", nos termos defendidos por Castel (1995, 1998). Na perspectiva marxiana, a propriedade social está condicionada à socialização dos meios de produção e à extinção da propriedade privada. A esse respeito, Marx enfatiza:

> A transformação da propriedade privada parcelada, baseada no trabalho próprio dos indivíduos, em propriedade capitalista é, naturalmente,

---

32. Uma vasta produção no campo marxista já criticou a abordagem da questão social de Robert Castel. Ver especialmente o debate na revista *Temporalis* (2001); Iamamoto (2008); Behring e Boschetti (2006); Behring e Santos (2009); Mota (2008a); Santos (2012).

33. Castel considera que esta reformulação da questão social em termos da não abolição da propriedade privada é uma construção daqueles países onde uma opção "coletivista" que preconizava a abolição da propriedade privada não se impôs. Assim, uma revolução como aquela que triunfou na Rússia em 1917 impôs uma concepção coletivista de enfrentamento da questão social. Castel (1995, p. 300).

> um processo mais longo, duro e difícil do que a transformação da propriedade capitalista, realmente já fundada numa organização social da produção, em propriedade social. Lá, tratou-se da expropriação da massa do povo por poucos usurpadores, aqui trata-se da expropriação de poucos usurpadores pela massa do povo. (Marx, 1984, p. 294)

A propriedade social, nos marcos da tradição marxista, pressupõe a instauração de uma sociabilidade não capitalista, onde o trabalho não seja mercadoria, onde a força de trabalho não seja fonte de mais valor e onde os bens e serviços sociais não sejam decorrência desse processo de exploração do trabalho. Mesmo que os seguros sociais possam ser capazes de propiciar aos trabalhadores certa liberação da hegemonia do trabalho assalariado capitalista em alguns momentos específicos da vida, não são capazes de provocar sua libertação do imperativo de ter que vender a força de trabalho para alcançar os meios necessários à sobrevivência. É certo que o seguro social possibilita aos trabalhadores contribuintes estar fora de uma relação de trabalho sem estar, necessariamente, em situação de total desproteção social em momentos de velhice, desemprego, doença, incapacidade, acidentes. Mas essa condição é pontual, em situações específicas e somente para quem teve a oportunidade de estabelecer relações estáveis de trabalho. No limite, os seguros sociais criam e mantém a condicionalidade entre a proteção e a submissão à exploração do trabalho:

> O capitalismo realiza desse modo uma estranha operação de alquimia. Os poderes da propriedade são mantidos. O direito é condicionado à uma contribuição, o que lhe atribui um caráter incondicional, à diferença do direito à assistência: porque ele contribuiu, o segurado é um portador de direito no sentido absoluto, não importa o que aconteça — mesmo se ele não tiver "necessidade" desta prestação para sua sobrevivência, se ele for, por exemplo, um rico proprietário ao mesmo tempo que aposentado, ainda assim ele terá direito à previdência. (Castel, 1995, p. 315)

O Estado social capitalista é, portanto, o mediador que garante o sistema legal e jurídico dessa forma de segurança social, mas sua conformação como Estado de Direito depende de uma série de condições materiais na reprodução das relações capitalistas, e também de condições políticas relacionadas à luta de classes, ou seja, à organização e pressão da classe trabalhadora. Essa forma de segurança social não garante somente a segurança material, mas também inscreve o indivíduo na ordem do direito burguês. O que garante os benefícios e serviços sociais não é uma relação clientelista ou de tutela, mas o fato de o indivíduo estar inscrito em uma ordem jurídica universalista associada ao direito do trabalho. É efetivamente por intermédio da promoção do assalariamento que a proteção baseada na lógica do seguro social se desenvolveu e se consolidou. É, enfim, a crise do capital que põe em xeque a "sociedade salarial" e provoca a corrosão das proteções vinculadas ao trabalho, tanto nos países do capitalismo central quanto nos países do capitalismo periférico que nunca instituíram uma "sociedade salarial" e um Estado social ampliado.

Pode-se considerar, assim, que no período de expansão e consolidação do Estado social capitalista, em contexto de quase pleno emprego keynesiano, a tensão entre assistência social e trabalho foi minimizada pelos seguros sociais derivados do trabalho assalariado, visto que a assistência social ocupava uma localização marginal no processo de reprodução ampliada do capital e restrita à reprodução da superpopulação relativa estagnada. Mesmo em suas configurações mais amplas como direito social, os programas assistenciais se dirigiram prioritariamente aos incapacitados para o trabalho, ou à expressão mais contundente do pauperismo. Nos países do capitalismo periférico que não instituíram o Estado social ampliado e nem uma "sociedade salarial", essa tensão de atração e rejeição atinge o limite do tolerável: quanto maior o grau de desigualdade, de pobreza, de desemprego e de ausência ou insuficiência da proteção vinculada ao trabalho (seguro-desemprego, seguro-saúde, previdência, pensões) maior a necessidade e demandas por assistência social. Contudo, nesses países, a assistência social é ainda mais marginal ou inexistente como política social e suas ações, ainda mais limitadas, restritivas e focalizadas, até hoje sofrem com interpretações equivocadas que a escanteiam para o campo da filantropia e a relegam ao limite da reprodução da superpopulação relativa estagnada incapacitada ao trabalho.

A crise contemporânea reacende essa tensão sob um novo ângulo e a expansão da assistência social em contexto de degradação do trabalho e derruição dos direitos dele dependentes eleva a assistência social ao patamar de política social destinada a participar mais ativamente da reprodução da força de trabalho em larga escala, ou, em outros termos, de todo trabalhador que constitui a superpopulação relativa durante o tempo em que está desocupado parcial ou inteiramente, por meio dos programas assistenciais de renda mínima. A assistência social, assim, contribui para manter o que Marx chamou de "reservatório inesgotável de força de trabalho disponível" que, ao ser disponibilizada para o capital, constitui uma ampla base para a exploração do capital.

Capítulo 3

Expansão da assistência social e reprodução da força de trabalho em contexto de crise do capital

Desde sua origem, o capitalismo passou por crises gerais, além de crises específicas. São reconhecidas como crises gerais do capitalismo mundial aquelas de 1857, 1929 e a crise recente que eclodiu em 2008.[1] Na perspectiva marxiana, as crises constituem manifestações das contradições capitalistas (Marx, 2009) em sua incessante busca de superlucros e superacumulação. Os seus enfrentamentos nos marcos do capitalismo se diferenciam historicamente em função do grau de desenvolvimento do capitalismo, da forma de organização das classes sociais e da hegemonia política no âmbito do Estado (Behring e Boschetti, 2006). O liberalismo e a crença no livre mercado, predominantes na viragem do século XIX para o séxulo XX, foram minimizados após a crise de 1929, principalmente com a expansão do padrão fordista-keynesiano, a corrida armamentista e a expansão

1. Netto e Braz (2006) sintetizam as crises cíclicas do capitalismo em uma perspectiva marxiana. As "notas editoriais" organizadas pela editora francesa Demopolis ao final do texto inédito de Marx "Les crises du capitalisme", também se referem a esses momentos como períodos de crise geral do capitalismo.

do Estado social. A restauração capitalista após a década de 1970 sob a hegemonia neoliberal provocou a irrupção da crise de 2008, ainda em curso. Mesmo com diferentes formas de expressão e enfrentamento, o que se assume aqui é que essas manifestações de crise são, na verdade, elementos das crises estruturais do capital, mas cuja amplitude se define na relação entre crise e luta de classes a cada ciclo longo.

As particularidades da crise contemporânea repõem sob nova condição as relações entre o trabalho, a assistência social e os seguros na estruturação do Estado social capitalista e reeditam a velha tensão aqui explorada.

3.1 A essência da crise do capital e suas expressões contemporâneas

Não se pode ignorar que existem abordagens divergentes sobre o significado e dimensões das crises que irrompem ciclicamente no capitalismo. No campo da tradição marxista, Mandel (1990, p. 209) afirma que, no debate atual sobre a crise, duas "escolas" se confrontam: "A que explica as crises pelo subconsumo das massas (a superprodução de bens de consumo) e a que explica pela superacumulação (insuficiência de lucros para expandir os bens de capital)" e considera que ambas cometem o erro arbitrário de separar dois elementos organicamente ligados no modo de produção capitalista. Esse autor, na mesma perspectiva de Marx (2009),[2] demonstra que as crises de

2. O texto utilizado aqui foi escrito por Marx em 1862 e analisava a crise de 1857-1858. As notas não chegaram a ser incluídas n'*O capital* e foram originalmente publicadas por Kautsky com o título *Teorias sobre a mais valia* entre 1905-1910. A primeira tradução francesa com o título *Théories de la plus value* foi publicada em 1925. Em 1959, nova versão a partir dos manuscritos originais foi publicada pela primeira vez em Berlim. Entre 1974 e 1978, três versões diferentes dessas notas estavam traduzidas e disponíveis na França. A edição utilizada aqui com o título *Les crises du capitalisme* foi traduzida e editada por Jacques Hebenstreit em 2009 pela editora Demopolis, com substancial prefácio de Daniel Bensaïd. Esse histórico consta das "Notas Editoriais" publicadas ao final do volume. Para uma bela e mais completa análise desse texto,

superprodução e superacumulação são complementares e indissociáveis das relações de produção capitalista.

Para Marx (2009), as crises são manifestações das contradições inerentes ao modo de produção capitalista, na sua busca implacável por superlucros: "As crises do mercado mundial conduzem os antagonismos e as contradições da produção capitalista até sua explosão" (2009, p. 85). Explosão não no sentido de destruição da produção capitalista, mas explicitação aguda de suas contradições, provocadas pela condição estrutural de produção e reprodução do capital, em que a riqueza é socialmente produzida, mas é apropriada e acumulada privadamente, pela minoria que detém os meios de produção. Mandel (1990, p. 210) explicita: "Contrariamente às crises pré-capitalistas (ou pós-capitalistas) que são quase todas de penúria física de *subprodução de valores de uso*, as crises capitalistas são *crises de superprodução de valores de troca*" (itálico no original).

A classe trabalhadora é excluída do acesso aos bens produzidos, sobretudo dos meios de produção, mas precisa assumir a condição de "consumidora exponencial" das mercadorias produzidas socialmente. A relação de compra e venda, contudo, requer que os consumidores tenham condições de comprar as mercadorias "disponíveis" no mercado. A superprodução expressa exatamente o momento em que o consumo não acompanha a dinâmica da produção. Mas não se trata de um desequilíbrio entre oferta e demanda, como defendem economistas clássicos criticados por Marx,[3] mas de um antagonismo estrutural provocado pela contradição que se estabelece no processo mesmo de produção e reprodução, entre os momentos de produção e circulação de mercadorias, no qual ocorre a "metamorfose da mercadoria" (Marx, 2009, p. 85).

A produção e reprodução capitalista se realizam na totalidade dos processos de produção, distribuição, troca e consumo. São unidades

---

consultar Behring (2012). Aqui faremos breves remissões para precisar o sentido de crise que constitui nossa referência analítica. Citações foram traduzidas pela autora.

3. No texto *Les crises du capitalisme*, Marx elabora sua teoria contestando as teses de Ricardo e de Jean-Baptiste Say.

de contrários, como assevera Marx. A metamorfose da mercadoria se processa na compra e venda como uma unidade de momentos autônomos, mas indissociáveis, que formam um todo único. Os economistas não marxistas veem o momento da compra e venda de mercadorias como unidade e excluem a contradição que lhe é inerente, e por isso acreditam no equilíbrio entre oferta e demanda ou entre compra e venda. A teoria do equilíbrio, diz Marx, só considera a unidade desses momentos e desconsidera a separação entre compra e venda. Para Marx "é justamente na crise que sua unidade, a unidade de contrários, se manifesta. A autonomia desses dois momentos que formam um todo, mas que se opõem entre si, é destruída de maneira violenta (...). A crise é, portanto, a manifestação de unidade desses dois momentos autonomizados e opostos" (2009, p. 86). Para atingir seu objetivo de obtenção de lucro, o capitalista precisa transformar seu capital-mercadoria em capital-dinheiro e realizar assim seu lucro. Dito de outro modo, é preciso que o circuito de compra e venda de mercadorias, ou seja, o momento da reprodução de capital, ocorra sem perturbação. Mas isso não ocorre, e a "crise é, justamente, o momento de perturbação e de destruição do processo de reprodução" (idem, p. 92).

A separação e oposição entre esses momentos, que constituem os momentos de produção e consumo, constituem o coração mesmo da produção burguesa, e irrompe a crise quando se autonomizam um do outro: "A separação entre processo de produção do capital e o processo de circulação do capital amplia e desenvolve a possibilidade da crise que já havia se manifestado no momento da metamorfose da mercadoria. Se não houver uma passagem fluida de um processo a outro, e se eles se autonomizarem um do outro, a crise acontece" (idem, p. 107).

A crise assume duas formas específicas, mas que podem se concretizar sob forma de uma crise geral. A primeira forma se relaciona ao momento de metamorfose da mercadoria. A transformação de capital-mercadoria em capital-dinheiro é uma condição da reprodução do capital, pois se não houver venda a crise se instala. Quando a mercadoria se transforma em dinheiro e esse dinheiro não se transforma imediatamente em mercadoria ocorre a disjunção entre compra e venda: "compra e venda podem se separar e são, portanto, a causa potencial de uma crise, mas é o seu reencontro que continua sendo um instante crítico para a mercadoria" (idem, p. 111). Por isso, para Marx, a crise é uma expressão da contradição inerente à economia burguesa: "As crises do mercado mundial devem ser consideradas como a convergência e a eliminação violenta de todas as contradições da economia burguesa. (...) Pode-se assim afirmar que a primeira forma de crise é a metamorfose da própria mercadoria, ou seja, a separação entre a compra e a venda" (idem, p. 113).

A segunda forma de crise é determinada pelo uso do dinheiro como meio de pagamento onde o dinheiro intervém em momentos distintos, separados no tempo e com funções diferentes, como meio de troca ou medida de valor. Marx utiliza como exemplo o produtor que vende ao comerciante um tecido e recebe como pagamento uma letra de câmbio onde o dinheiro figura como meio de pagamento e o comerciante repassa essa letra de câmbio ao banco para pagar uma dívida, ou seja, quando todas as operações de venda são feitas por letras de câmbio, o processo de pagamento em dinheiro é interrompido e todos os que não realizam o valor de sua mercadoria não podem substituir a parte correspondente de seu capital constante (p. 115). Essa autonomização do dinheiro encontra seu prolongamento na separação entre o lucro da empresa e o capital portador de juros. Bensaïd (2009, p. 13) complementa Marx afirmando que "Este prodígio do capital portador de juros, do dinheiro que parece produzir dinheiro sem passar pelo processo de produção e de circulação, sem percorrer o ciclo completo de suas metamorfoses, é o estágio supremo do fetichismo e da mistificação reproduzida pelos economistas vulgares". Esses processos constituem teoricamente as possibilidades de crise. Estas possibilidades se tornam "crises reais" quando irrompe a contradição entre estas duas formas — compra e venda e dinheiro como meio de pagamento: "Não pode existir crise sem que a compra e venda se separem e entrem em contradição ou sem que se manifestem as contradições contidas no uso do dinheiro como meio de pagamento" (Bensaïd, 2009, p. 117)

Mas essas duas formas, explica Marx, são apenas possibilidades de crises, e as contradições que engendram se transformam em crises reais somente no movimento real da produção capitalista, da concorrência e do crédito. O processo de reprodução do capital e as possibilidades de crise estão indissociavelmente conectados com a unidade entre o momento da produção e o momento da circulação: "a possibilidade geral de aparecimento das crises está ligada ao processo de metamorfose do capital e esta possibilidade é dupla porque o dinheiro funciona, de uma parte, como um meio de circulação, o que implica a separação temporal das operações de compra e venda e, de outra parte, porque funciona tanto como meio de pagamento quanto como medida de valor" (Marx, 2009, p. 121).

A essência da produção capitalista será sempre de buscar o crescimento da produção, sem se preocupar com os limites do mercado, as possibilidades de consumo e as necessidades dos trabalhadores, ou, como afirma Marx: "O limite da produção é o lucro dos capitalistas e jamais as necessidades dos produtores" (idem, p. 151). Os trabalhadores, que são os produtores das mercadorias, não são consumidores de todos os produtos em escala correspondente à necessidade do capital, mesmo quando não há perturbação no processo de produção. Os trabalhadores produzem a mais-valia, que constitui a base da acumulação de capital e que, por sua vez, pode levar a uma superprodução. A superprodução moderna, afirma Marx, é determinada "pelo desenvolvimento incessante das forças produtivas e, portanto, a produção de massa sobre a base, de um lado, das necessidades de consumação da massa de produtores e, por outro lado, do limite constituído pelo lucro dos capitalistas" (idem, p. 154).[4] Ou, dito de outra forma:

> A superprodução segue a lei geral de produção do capitalismo que é de produzir no limite superior das forças produtivas (a possibilidade, com uma determinada massa de capital, de explorar a maior massa

4. Marx chama atenção que a superprodução não significa satisfação das necessidades sociais, as quais continuam amplamente insatisfeitas no capitalismo.

> possível de trabalho) sem considerar os limites existentes no mercado ou os bens solventes e, isto, pela extenção permanente da reprodução e, portanto, pela reconversão permanente da renda do capital enquanto a massa dos produtores continua limitada e deve — pela natureza da produção capitalista — continuar limitada à satisfação média das necessidades. (Marx, 2009, p. 154)

Na mesma linha de análise de Marx (2009) e Mandel (1990), Bensaïd (2009, p. 13) também afirma o caráter contraditório de unidade desses processos: "saturação do mercado (superprodução) e superacumulação do capital são, assim, o verso e o reverso do mesmo fenômeno".

Para explicar o encadeamento real entre a queda da taxa de lucro, a crise de superprodução e o desencadeamento da crise, Mandel (1990) ressalta que é preciso distinguir os fenômenos de aparecimento da crise, seus detonadores, sua causa mais profunda e sua função na lógica imanente do modo de produção capitalista.

O fenômeno de aparecimento das crises se expressa na superprodução, que corresponde à disjunção entre a produção de mercadorias e a existência de poder de compra disponível para adquiri-las ao preço desejado pelos proprietários, ou seja, aquele capaz de fornecer o lucro esperado. A espiral desse fenômeno é assim descrita por Mandel: "É essa venda insuficiente, essa não estocagem, e essa redução da produção corrente que geram o *movimento cumulativo* da crise: redução do emprego, das rendas, dos investimentos, da produção, das encomendas; da espiral de redução do emprego, das rendas, dos investimentos, da produção etc." (Mandel, 1990, p. 212). A crise é, portanto, uma manifestação da queda da taxa de lucro.

O elemento detonador que provoca as crises de superprodução pode apresentar diferentes formas: escândalo financeiro, pânico bancário, bancarrota de uma grande empresa, mudança de conjuntura e venda insuficiente em um setor chave do mercado, falta de determinada matéria-prima. Mas, enfatiza Mandel (1990, p. 212) que "o detonador não é a *causa* da crise. Apenas a precipita no sentido em que desencadeia o movimento cumulativo descrito".

A função da crise de superprodução para o desenvolvimento do capitalismo é constituir "o mecanismo através do qual a lei do valor se impõe" (idem, p. 212), ou seja, o mecanismo de produção da acumulação e geração do mais valor.

As causas das crises se fundamentam na contradição essencial da produção capitalista. No momento de crescimento, ocorre um aumento inevitável da composição orgânica do capital[5] decorrente basicamente de dois fatores: do progresso técnico que é essencialmente poupador de trabalho pela substituição da mão de obra por máquinas e da ampliação dos investimentos em conjunturas favoráveis. Por certo período, ocorre manutenção das taxas de lucro, acompanhada da elevação da taxa da mais-valia, de baixa relativa dos preços da matéria-prima e/ou crescimento crescente de capitais nos setores ou países cuja composição orgânica dos países é mais débil. Ocorre que essa lógica de expansão mina as próprias condições desse cenário positivo devido a basicamente três fatores: quanto mais se acelera a expansão mais se reduz o exército industrial de reserva e se torna mais difícil aumentar a mais-valia, devido à mudança das relações de força sob pressão dos trabalhadores organizados donde decorre que a luta de classes é uma variável importante; quanto mais longo é o período de expansão mais difícil se torna manter a baixa relativa dos preços da matéria-prima; quanto mais longa e profunda é a expansão, mais raros se tornam os setores ou países onde os capitais produtivos podem encontrar condições de composição orgânica do capital estruturalmente mais frágeis (Mandel, 1990, p. 214).

O conjunto dessa lógica provoca a queda da taxa de lucros, o que acirra a concorrência entre os capitalistas, e implica que "a queda da taxa média de lucros significa simplesmente que, *com relação ao conjunto do capital social*, a mais-valia total produzida não foi mais

5. Lembrando que a composição orgânica do capital é a correlação entre a composição valor que corresponde à proporção entre capital constante (meios de produção) e capital variável (força de trabalho) e a composição matéria/composição técnica do capital que corresponde à proporção entre massa dos meios de produção utilizado e montante do trabalho exigido para seu emprego. Marx (1984, p. 187).

suficiente para manter a antiga taxa média de lucros" (idem, p. 214). Ocorre um fenômeno de coexistência de "superabundância" de capitais e "escassez" de lucros, assim sintetizado por Mandel: "Pode-se dizer, assim, esquematicamente, que o 'superinvestimento' provou uma 'superacumulação', que gerou por sua vez um 'subinvestimento' e uma desvalorização massiva de capitais" (idem, p. 216).

Nessa mesma linha de raciocínio, mas enfatizando o papel da luta de classes, Bensaïd (2009) reconhece que, por trás das determinações econômicas da lei tendencial da queda das taxas de lucro, manifesta-se um conjunto de "barreiras sociais" que ameaça a acumulação, pelas suas próprias contradições internas. São tendências que contrariam a si mesmas provocando contratendências extremamente nocivas à classe trabalhadora: a) a busca pelo aumento das taxas de lucros provoca agudização da exploração por meio da ampliação do tempo de trabalho, pelo aumento da produtividade, pela compressão dos salários abaixo da inflação e pela amputação da proteção salarial, considerada pelo autor como um salário indireto; b) a dominação imperialista contribui para reduzir a composição orgânica do capital pela exploração de uma força de trabalho de baixo custo e pela redução dos preços das matérias-primas; c) a aceleração da rotação do capital graças à publicidade, ao crédito, a gestão de estoques e as despesas com armamentos compensa a baixa das taxas de lucros pelo aumento de sua massa; d) a intervenção pública do Estado por meio das despesas públicas, ajudas fiscais, despesas com armamentos sustenta a economia por meio da "socialização das perdas" (Bensaïd, 2009, p. 21-23).

Na perspectiva da teoria geral marxista das crises, estas não constituem limites absolutos à produção e à consumação de riquezas sociais, mas expressam as contradições específicas do modo de produção capitalista. Mandel (1990, p. 221) chama a atenção para o fato de que a teoria geral das crises permite compreender a essência das crises cíclicas do capitalismo, mas é fundamental considerar os elementos particulares de suas expressões históricas, que resultam das contradições específicas da economia capitalista e da luta de classes. Ao analisar as crises de 1971/1975, 1976/1982 e 1982/1986, o autor afirma que todas foram marcadas por forte recessão e tímidos sintomas de recuperação que devem ser compreendidos na convergência de "crises de tipos diferentes": 1) uma crise clássica de superprodução, mas com autonomia relativa do ciclo do crédito em relação ao ciclo industrial, o que impediu a repetição da crise de 1929/1932; 2) uma combinação da crise clássica de superprodução com a mudança brusca da "onda longa" de crescimento que, ao final dos anos 1960, cessou de se expandir; 3) uma nova fase da crise do sistema imperialista, que, a partir da década de 1970, foi obrigado a partilhar parcela maior da mais-valia mundial obtida na exploração indireta das ex-colônias, entre a burguesia imperialista e as classes proprietárias dos países semicoloniais; 4) uma crise social e política agravada nos países imperialistas resultante de dois processos: de um lado, a conjunção da depressão econômica e das lutas operárias, combatividade e politização da classe trabalhadora, e, de outro, a reação burguesa de impor aos trabalhadores o peso da crise e a redistribuição da mais-valia. Na rica análise de Mandel (1990, p. 222), a conjunção dessas quatro crises com a crise estrutural da sociedade burguesa de mais de um decênio "acentua a crise de *todas as relações sociais burguesas*, e, mais particularmente, *a crise das relações de produção capitalistas*. A credibilidade do sistema capitalista — no sentido de poder garantir a melhoria permanente do nível de vida, o pleno emprego e a consolidação das liberdades democráticas — está fortemente minada diante das reincidências da recessão".[6]

Na análise de Bensaïd (2009), as respostas do capital à erosão tendencial das taxas de lucro são as "fontes ocultas" que caracterizam o que, desde a década de 1990, os autores chamam de mundialização. O autor afirma que a lógica das crises demonstrada por Marx encontra-se ampliada e generalizada no cenário da crise contemporânea (Bensaïd, 2009, p. 30). Em sua análise, a crise contemporânea "revela

6. O texto foi escrito no final dos anos 1980, início dos anos 1990. Desde então o capitalismo jamais recuperou as taxas de crescimemto prevalecentes nas décadas de 1950 e 1960, e nova crise irrompeu no final dos anos 2000, cujos efeitos impactam até hoje nos países capitalistas centrais e periféricos.

efetivamente uma crise latente de superprodução (muito) tempo protelada pelo uso de créditos" (Bensaïd, 2009, p. 36). E continua, afirmando que não se trata de "mais" uma crise e sim de "uma crise histórica, econômica, social e ecológica" (idem, p. 39).

Diferente das análises marxistas apontadas, vários autores consideram que a crise do presente, que eclodiu a partir de 2007/2008, resume-se a uma crise financeira. Essa é uma análise que restringe a crise (ou suas causas) a um de seus efeitos ou detonadores. Com base na teoria geral das crises de cariz marxista, a análise aqui empreendida faz coro com as abordagens que consideram que, desde 2007/2008, os países capitalistas enfrentam uma crise estrutural do capital (Mészáros, 2009) de proporções comparáveis à crise de 1929 (Lenglet, 2008; Lordon, 2011) ou de natureza ainda mais devastadora (Chesnais, 2008, 2011, 2012), cujas consequências já são conhecidas e impactam dolorosamente a vida de milhões de trabalhadores e trabalhadoras em todo o mundo: aumento do desemprego de longa duração, precarização do trabalho, retração de direitos, redução de salários, endividamento dos Estados nacionais. Países como Grécia, Espanha, Itália, Islândia, entre outros, que estão no epicentro da crise, foram/são obrigados a instituir planos de austeridade fiscal sob imposição do Fundo Monetário Internacional (FMI), Banco Mundial (BM), Organização Mundial do Comércio (OMC) e Comunidade Europeia (CE), que colocam em xeque suas históricas conquistas civilizatórias no campo dos direitos e do Estado social.

Também referenciado na perspectiva marxista, mas com uma análise diferenciada de Mandel e Bensaïd, pois foca a crise mais nos seus detonadores e funções, Chesnais (1996, 2011) é um dos mais contundentes críticos contemporâneos da mundialização do capital. Suas análises apontam as consequências do capitalismo financeirizado e chamam a atenção sobre a capacidade do capital recriar formas de reprodução capazes de "superar" suas próprias crises. Para o autor, a crise que eclodiu em 2007/2008 é resultado das medidas implementadas nas três décadas anteriores pelos governos neoliberais, sintetizadas pelo autor em três processos: uma forte política de desregulamentação dos mercados, do comércio mundial e do mercado financeiro; a criação de capital fictício e sistemas de créditos com vistas a ampliar uma demanda insuficiente no centro do sistema capitalista, leia-se, Estados Unidos da América; e a reincorporação plena das antigas Repúblicas da União Soviética e da China no sistema capitalista mundial (Chesnais, 2008, 2011). O autor acrescenta que a crise atual marca o esgotamento de um "modelo de crescimento" no qual a produção e a venda dos bens e serviços foram asseguradas por um endividamento elevado das empresas e das famílias. Essa estratégia foi concebida pelo mundo das finanças para contrabalançar a baixa demanda decorrente da redução dos salários na renda nacional (Chesnais, 2011, p. 10).

Esse modelo levou diversos países a acumular dívidas públicas que o autor considera como "ilegítimas e odiosas". São "ilegítimas" devido à sua natureza econômica, cujas exigências para pagamento dos juros e reembolso dificultam as finanças públicas e conduzem os países a acumular dívidas elevadas que os submetem ao jugo do mercado. E são "odiosas" em função dos processos decisórios antidemocráticos que as originaram, já que contraídas em períodos de exceção e de governos ditatoriais, sem conhecimento e anuência da sociedade. Para o autor, a "ilegitimidade encontra sua origem em três mecanismos: as despesas elevadas possuem o caráter de presentes fiscais para o capital; baixo nível de impostos diretos (imposto de renda, sobre o capital e sobre o lucro das empresas) acrescido de um fraco caráter progressivo; evasão fiscal importante" (Chesnais, 2011, p. 109). Na opinião de Antunes (2009), a análise de Chesnais permite compreender as complexas relações entre produção, financeirização e mundialização do capital e demonstra como a esfera financeira se alimenta da riqueza gerada pela exploração da força de trabalho.

Também Mészáros (2009) ressalta a funcionalidade da crise para o capitalismo, originada na necessidade vital do capital de se valorizar. A busca sem limites por superlucros produz novas e revigoradas formas de produção, baseadas na redução dos custos do trabalho, o que pressupõe aumentar a superexploração da força de trabalho. O aumento a qualquer custo dos lucros e da acumulação produz a destruição sem precedentes da natureza, do trabalho e gera desemprego em escala planetária. Sinaliza o autor que a crise que se manifesta em 2007/2008 como uma bolha de especulação imobiliária nos Estados Unidos, e é comumente designada como crise financeira, bancária e de *subprimes*, consiste, na verdade, em mais uma crise do capital e do desenvolvimento do capitalismo em sua permanente busca por superlucros, tendência já apontada por Mandel nas crises de períodos anteriores (Mandel, 1990).

A crise atual expôs ao mundo, sem possibilidades de contestação, que também os países do epicentro do capitalismo, que já estavam endividados, viram suas dívidas se ampliar. Chesnais (2011) demonstra com profusão de dados que as dívidas da América Latina e da Europa, embora contraídas em períodos diferentes no processo de mundialização financeira, têm como ponto em comum o fato de ser, igualmente, um instrumento para acelerar a liberalização e a desregulamentação. A crise é estrutural porque se produz na contradição inerente à produção e reprodução do capital, seja nos países da América Latina, que jamais implementaram um Estado social ampliado, seja nos países europeus, berço das históricas conquistas de direitos sociais e trabalhistas, que são intensamente acusadas pelos liberais de serem as responsáveis pela crise, quando, na verdade, são suas vítimas.

Todas as crises do capital que irromperam após a década de 1970 impuseram sucessivamente imensas derrotas à classe trabalhadora, como reforça Mandel:

> Toda crise de superprodução constitui uma agressão massiva do capital ao trabalho assalariado. Aumentando o desemprego, e o medo do desemprego, a crise tende a fazer com que os trabalhadores aceitem as reduções (ou estagnações) dos salários reais, a aceleração dos ritmos de produção, as perdas de conquistas em matéria de condições de trabalho e de seguridade social, a redução das proteções construídas na fase de prosperidade contra a pobreza e a injustiça mais flagrantes. (1990, p. 231)

As perdas no campo do trabalho e das políticas sociais alteram o sentido e o significado do Estado social, impondo à classe trabalhadora um agressivo e "renovado" processo de expropriação social, o que será problematizado a seguir.

3.2 Expropriação pela privatização e redução da previdência e da saúde públicas[7]

Em contexto de crise do capital, todos os países capitalistas de norte a sul do globo seguiram orientações do Banco Mundial e instituíram contrarreformas (Behring, 2003; 2012a) no âmbito do Estado social que reduziram direitos conquistados pela classe trabalhadora. Esta tendência geral foi agressiva tanto nos países do capitalismo central em que a previdência e a saúde públicas atingiram a quase totalidade da população, como nos países do capitalismo periférico, em que essas políticas ficaram longe da possibilidade de universalização. Desde a década de 1970 direitos sociais como aposentadorias, pensões e saúde são acusados de serem os "vilões" que impedem a superação da crise estrutural do capital, sob acusação neoliberal de absorverem parte importante do fundo público, de onerarem as empresas e impedirem o desenvolvimento. De "motor" do crescimento na perspectiva keynesiana, o Estado social passa a ser acusado pelos neoliberais e por setores da social-democracia de ser um "freio" ao crescimento econômico. Desde então, sucedem-se as críticas ao "peso" do Estado social, às suas "despesas" crescentes e às "generosas" prestações sociais, o que levou à proliferação de medidas conservadoras de "ajustes" destinadas a superar a crise.

Essas medidas constituem, na verdade, estratégias de restauração capitalista na busca de ampliação das taxas de lucro, e que impõem perversas perdas sociais à classe trabalhadora. Elas seguem orientações do Banco Mundial e foram incorporadas com maior ou menor intensidade nos países capitalistas, sob três direções essenciais: 1) redução

7. Os itens 3.2 e 3.3 resgatam reflexões iniciadas no artigo "A insidiosa corrosão dos sistemas de proteção social europeus", e são aprofundados sob nova lógica analítica.

dos sistemas públicos de previdência por meio de diversas "mudanças técnicas" que não são assumidas como privatização: aumento da idade mínima exigida para aposentadoria, ampliação do tempo de contribuição, estabelecimento de teto máximo para as aposentadorias públicas; diminuição dos montantes das aposentadorias e pensões; alinhamento da idade exigida para homens e mulheres; introdução de novas formas de financiamento por impostos mais regressivos e que oneram substancialmente a classe trabalhadora; desenvolvimento de sistemas de aposentadorias complementares obrigatórios individuais ou profissionais (fundos de pensão fechados) financiados por capitalização; 2) estímulo fiscal e normatizações que possibilitaram a criação e o desenvolvimento de sistemas privados de poupança individual (fundos de pensão abertos), não obrigatórios, com ou sem subvenção do Estado; 3) redução do financiamento dos sistemas públicos de saúde e instauração de sistemas de saúde públicos diferenciados em quantidade e qualidade: sistemas públicos mais restritos, com serviços de menor qualidade, financiados por impostos destinados para os pobres; manutenção de serviços de saúde contributivos públicos para trabalhadores inseridos no mercado de trabalho e estímulo aos planos privados de saúde.

A intensidade e os efeitos das "contrarreformas" implementadas sob estas orientações são diferentes em função dos contextos históricos e sociais de cada país, mas Palier (2005, p. 13) aponta algumas tendências comuns, caracterizadas, principalmente, pela introdução e/ou reforço dos sistemas privados e/ou complementares de previdência e saúde. Pode-se constatar que todas as tendências a seguir sumariadas são equivalentes às contrarreformas em implementação nos países do capitalismo periférico,[8] apesar da particularidade do desenvolvimento capitalista nesse continente:

- Endurecimento dos critérios de elegibilidade para acesso às prestações sociais contributivas (seguros) e assistenciais, em

8. Para a análise detalhada da contrarreforma no Brasil e outros países da América Latina, consultar Behring (2003), Boschetti (2008, 2012b); Mota, Amaral e Peruzzo (2012).

especial a previdência social, pensões, seguro-desemprego, e alocações para pessoas com deficiência.[9]

- Focalização das prestações sociais, sobretudo prestações assistenciais familiares, que passaram a ser dirigidas exclusivamente para famílias de baixa renda sob o argumento de maior redistribuição e "justiça social"; o que, na verdade, constitui uma estratégia para redução das despesas.[10]
- Redução do nível das prestações vinculadas à previdência social, por meio de diferentes mecanismos como alteração dos índices de reajuste das prestações em espécie, mudança no modo de cálculo das aposentadorias (aumento no tempo da contribuição, estabelecimento de teto nos valores), endurecimento dos critérios de estabelecimento dos graus de invalidez para obter aposentadoria.[11]
- Aumento (ou introdução) de contrapartida exigida aos beneficiários para acesso a alguns serviços antes inteiramente gratuitos, como aquisição de medicamentos, de certos aparelhos de órtese e prótese, ou mesmo assistência médica.[12]

---

9. No Brasil, é exemplar a instituição de critérios que "medem o grau de deficiência" e restringem o acesso ao Benefício de Prestação Continuada (BPC) para pessoas com deficiência, pelo INSS. Ver dissertação de mestrado de Taís Leite Flores: *Conceito de deficiência na materialização do acesso ao bpc: impactos na proteção e na relação assistência social e trabalho* (PPGPS/SER/UnB, 2014). Ou as recentes alterações no seguro-desemprego e abono salarial pela MP n. 665/2014 (convertida na Lei n. 13.134, de 16/6/2015) e as restrições impostas à pensão por morte e auxílio doença pela MP n. 664/2015 (convertida na Lei n. 13.135, de 17/6/2015).

10. No Brasil não se instituiu uma política de prestações sociais para todas as famílias como no Estado social europeu, mas o salário família, no âmbito da previdência, tinha essa perspectiva para todos os contribuintes; contudo, sua focalização em famílias de baixa renda e redução do montante mensal ocorreu na primeira contrarreforma da previdência social durante o governo Fernando Henrique Cardoso, em 1998 (cf. Boschetti, 2003b).

11. No Brasil, uma medida exemplar nesse sentido foi a instituição do fator previdenciário e a desvinculação da aposentadoria dos reajustes do salário mínimo na contrarreforma de 1998. A Lei n. 13.135, de 17/6/2015, alterou o fator previdenciário, mas manteve sua lógica restritiva. Para análise rica e exaustiva da previdência social no Brasil, consultar o trabalho de Silva (2012).

12. No Brasil, a seguridade social nunca assegurou recursos aos contribuintes para aquisição de medicamentos, mas a previdência social e a assistência social auxiliam na concessão e/ou aquisição de algumas órteses e próteses. Nos benefícios assistenciais em espécie, como o Programa Bolsa-Família, as condicionalidades são uma forma de contrapartida.

- Desenvolvimento acelerado de serviços e seguros privados com estímulo governamental, tanto por meio de subvenções e incitação fiscal para estimular a aquisição de seguros privados por capitalização no mercado na área da saúde e da previdência, como por meio da redução ou corrosão dos serviços públicos, que foram fundamentais para impelir a demanda para o mercado.[13]
- Introdução, no setor público, de métodos de gestão do setor privado a fim de controlar o volume de despesas e, sobretudo, atribuição de orçamento anual limitado com delegação de responsabilidade e autonomia financeira às próprias instituições públicas que devem buscar recursos próprios, como escolas, universidades e hospitais.[14]
- Transferência de atividades públicas de proteção social para as famílias e a sociedade civil, o que provoca o crescimento constante de atribuições e responsabilidade das famílias e de associações, em nome da participação e solidariedade familiar e comunitária.[15]
- Redução ou estabilização dos salários no poder público por meio de ausência ou reajustes abaixo da inflação que, implementadas em praticamente todos os países, provocou enorme

---

13. Sobre essa tendência, ver as teses de doutorado de Maria do Perpétuo Socorro Albuquerque Matos, *Determinantes da baixa valorização da atenção primária no Âmbito do Sistema Único de Saúde* (PPGPS/SER/UnB, 2013), e de Juliana Fiuza Cislaghi, *Elementos para a crítica da economia política da saúde no Brasil: parcerias público-privadas e valorização do capital* (PPGSS/FSS/UERJ, 2015). Sobre a previdência social, consultar Sara Granemann, "Fundos de Pensão e a metamorfose do 'salário em capital'" (2012).

14. No Brasil, o mais significativo exemplo é a criação da EBSERH, com apologia de melhoria nos hospitais universitários. Para ver a propaganda governamental, consultar: <http://www.ebserh.gov.br/>. Para uma contundente crítica a essa modalidade de gestão na saúde, consultar a tese de doutorado de Cislaghi, já citada. Para acompanhar o movimento nacional contra a privatização da saúde, consultar: <http://www.contraprivatizacao.com.br/>.

15. Muitas análises já mostraram a tendência do "familismo" na assistência social, sobretudo a responsabilização das mulheres em programas como o Bolsa-Família. Também são inúmeros os estudos sobre o avanço do chamado "terceiro setor" e sua inócua e impotente ação diante da questão social. Cf. Mioto (2014).

economia em setores onde a maior parte dos custos é proveniente dos salários (escolas, hospitais, serviços sociais, centros de lazer).

- Criação de agências não estatais ou transferência de serviços ao setor privado em alguns países, sobretudo no norte da Europa, com transferência da regulação e de parte das responsabilidades administrativas e financeiras de certos dispositivos de prestação de serviços e prestações sociais; em alguns casos, o financiamento e a gestão de certas prestações sociais referentes aos dias não trabalhados (como seguro-saúde e licença-maternidade) foram transferidos para os empregadores/empresas.[16]
- Desenvolvimento de políticas de ativação para prestações de seguro-desemprego ou assistenciais, que corresponde à instauração ou fortalecimento de contrapartidas obrigatórias como cursos de formação/qualificação ou realização obrigatória de certas atividades em troca do recebimento das prestações sociais.[17]

Essas e outras medidas em curso desde a década de 1970 não constituem medidas técnicas gerenciais inevitáveis diante da crise contemporânea, como quer nos fazer acreditar os representantes do capital. Elas participam direta e indiretamente do processo da rotação do capital e do circuito do valor, como vêm demonstrando os estudos de Behring (2008, 2010, 2012) que ressaltam a relação entre as políticas sociais e a condição do capitalismo contemporâneo, e explicam "os nexos do fundo público e da política social com o circuito ampliado do valor em múltiplas dimensões, tendo em vista contrarrestar a

---

16. No Brasil, verifica-se essa tendência no âmbito de serviços públicos que foram privatizados, com a criação das agências reguladoras como Anel, Anatel, ANP, Aneel, ANS, Anvisa, ANA, Ancine, Antaq, ANTT, Anac. Disponível em: <http://www.brasil.gov.br/governo/2009/11/agencias-reguladoras>. Acesso em: 14 jul. 2015.

17. O item seguinte abordará com mais profundidade a relação entre assistência social e trabalho nas políticas de ativação.

queda da taxa de lucros e fazer rotar o capital, mas sempre sendo disputados no solo da história, no contexto da luta de classes, ainda que numa correlação de forças desfavorável ao trabalho, como nos últimos decênios" (Behring, 2012, p. 178).

Na mesma direção de buscar explicar a condição do capitalismo contemporâneo e as particularidades do Brasil, o estudo de Fontes (2010) apresenta a instigante hipótese de que a elevada concentração de capitais sob a forma monetária impulsiona formas variadas e perversas de expropriações (p. 38),[18] como condição fundamental para "transformar o conjunto da existência social numa forma subordinada ao capital" (p. 42). Na compreensão da autora, a expropriação não pode ser entendida como fenômeno meramente econômico, pois possui um sentido propriamente social: "Trata-se da imposição — mais ou menos violenta — de uma lógica da vida social pautada pela supressão de meios de existência ao lado da mercantilização crescente dos elementos necessários à vida, dentre os quais figura centralmente a nova necessidade, sentida objetiva e subjetivamente, de venda da força de trabalho" (idem, p. 88). Partindo da análise marxiana dos processos de expropriação na acumulação primitiva,[19] Fontes (2010) considera que no capitalismo contemporâneo "a expansão da expropriação dos recursos sociais de produção não diz respeito apenas à expropriação da terra, de forma absoluta, mas à supressão das condições dadas de existência dos trabalhadores, e sua consequente inserção, direta e mediada pela tradição, nas relações mercantis (e no mercado de força de trabalho)" (idem, p. 89).

Trata-se de tese que não passa sem polêmica,[20] já que a interpretação corrente do sentido de expropriação trabalhado por Marx na

---

18. Para a análise da totalidade e complexa reflexão de Fontes, consultar *O Brasil e o capital imperialismo: teoria e história* (2010). Aqui nos limitaremos ao debate das expropriações.

19. Cf. discutido no capítulo 2 deste livro.

20. Cislaghi (2015) discorda da tese de Fontes, considerando que esta autora cria uma dualidade em termos de expropriação primária que manteria a acumulação primitiva e expropriação secundária que avançaria sobre novos espaços (os direitos) para a mercantilização. Para Cislaghi, a ideia de expropriação de direitos pressupõe que em período anterior esses direitos eram esferas socializadas da riqueza socialmente produzida e estariam do lado de fora do

análise da acumulação primitiva remete ao processo de separação entre produtor e meios de produção, especialmente na expropriação da base fundiária. Contudo, conforme já discutido anteriormente, Marx explica que nesse processo os trabalhadores são arrancados de seus meios de subsistência e lançados no mercado de trabalho como "proletários livres como pássaros", como condição para constituir o assalariamento necessário ao modo de produção capitalista. Os processos de expropriação analisados por Marx, ainda que se refiram predominantemente à supressão da propriedade dos meios de produção, têm como determinação a disponibilização da força de trabalho para compra e venda no mercado como uma condição para a ampliação da base social do capital. Também foram considerados por Marx como expropriação o "roubo dos bens da Igreja, a fraudulenta alienação dos domínios do Estado" (1984, p. 274), entre outros processos destinados a criar a "oferta necessária de um proletariado livre como os pássaros" (idem, p. 275). A expropriação, portanto, não se limita à supressão direta dos meios de produção dos camponeses e trabalhadores do campo, mas incluem processos que provoquem a submissão dos trabalhadores à lei geral da acumulação.

Nesses termos, no capitalismo contemporâneo, a subtração de condições materiais que possibilitam à classe trabalhadora deixar de vender sua força de trabalho e asseguram sua subsistência em determinadas situações (como é caso das aposentadorias, seguro-desemprego, seguro-saúde) também pode ser entendida como um processo de expropriação, conforme aponta Fontes (2010, p. 42). A ampliação da base social do capital, explica a autora, pressupõe a subsunção real do trabalho ao capital, o que significa "que o capital tende a

circuito do valor (p. 16). Em que pese considerar inadequada a caracterização de Fontes das expropriações contemporâneas como "secundárias", o que pode realmente favorecer essa ideia de dualidade ou periodização, não me parece, contudo, que Fontes descole o reconhecimento e garantia de direitos do circuito do valor. Ao contrário, o esforço da autora é de demonstrar que a subtração de direitos participa da "expansão da base social do capital", ou seja, é condição para a produção social de trabalhadores livres (expropriados) necessários à ampliação das condições do capital (Fontes, p. 43). Fontes também critica a dualização que trata a acumulação primitiva como algo prévio ou anterior ao capitalismo (p. 45).

subordinar, definir, circunscrever a atividade mais propriamente humana — o trabalho — sob qualquer modalidade concreta que este se apresente, alterando incessantemente a maneira específica de seu exercício, modificando suas características, em prol da acumulação ampliada do capital" (idem, p. 43).[21]

A autora ressalta que o capitalismo não pode ser reduzido ao movimento das expropriações e estas, tampouco, devem ser relacionadas exclusivamente à acumulação primitiva como um momento ou período anterior ao capitalismo. Para a autora, as expropriações são processos permanentes e condição da constituição e expansão da base social do capital, ou seja, não há aqui qualquer dualidade, mas sim uma relação dialética intrinsecamente determinada entre expropriação e base social, leia-se unidade entre todos os momentos do processo de produção e reprodução do capital. Para qualificar e particularizar esse processo, Fontes (2010, p. 44) afirma que a *expropriação primária original* das massas campesinas ou agrárias da posse da terra não se limita a um "momento" pré-capitalista (acumulação primitiva), mas permanece e se aprofunda no capitalismo contemporâneo.[22] A imensa disponibilização de trabalhadores expropriados de suas condições de subsistência não só agudiza a desigualdade de classe em todo o mundo, como também favorece a exploração da força de trabalho pelo capital, que tem à sua disposição uma imensa massa de trabalhadores que têm no trabalho a única forma de sobrevivência.

Para diferenciar alguns processos contemporâneos de subsunção do trabalho ao capital da chamada *expropriação primária*, a autora forja a expressão *expropriações secundárias* para se referir aos processos contemporâneos que constituem uma "nova — e fundamental — forma de exasperação da disponibilidade dos trabalhadores para o mercado, impondo novas condições e abrindo novos setores para

21. No livro citado, Fontes (2010) realiza um diálogo crítico com a categoria acumulação por espoliação de David Harvey e também apresenta ângulos diferentes de análise de Ellen Wood, Immanuel Wallerstein e Anibal Quijano. Para esta polêmica ver Fontes (2010, p. 62-93).

22. Fontes (2010, p. 45-53) aponta diversos fenômenos contemporâneos de expropriação primária em todo o mundo.

extração de mais valor" (Fontes, 2010, p. 54). As *expropriações secundárias*, portanto, não correspondem à perda da propriedade dos meios de produção, mas designam os processos econômicos e sociais que intensificam a disponibilização do trabalhador para o mercado e, ainda, criam novas formas de acumulação e extração de mais valor, a exemplo da mercantilização que se processa em campos anteriormente instituídos como de prestação de serviços e bens públicos.

Algumas dessas formas de *expropriação secundária* indicadas pela autora se relacionam com a derruição dos direitos historicamente conquistados pela classe trabalhadora e concretizados no Estado social capitalista. Fontes (2010) aponta vários "exemplos" de *expropriações secundárias* contemporâneas relacionadas à subtração de direitos sociais. Uma das mais significativas é a supressão ou redução de direitos de aposentadorias e pensões, com vistas a eliminar um anteparo histórico à plena disponibilização de trabalhadores para o mercado, já que as aposentadorias permitiam ao trabalhador "cessar" a venda de sua força de trabalho em determinadas circunstâncias (idem, p. 56).

Outra forma de expropriação igualmente avassaladora para os trabalhadores foram as sistemáticas supressões ou reduções de direitos do trabalho associados diretamente à produção de valor: a precarização, a terceirização, a realização de trabalhos desprovidos de direitos, por meio de "bolsas" de estágio, os contratos intermitentes de curta duração, as atividades sem nenhum tipo de direitos vinculados (idem, p. 6). A autora cita, ainda, expropriações no campo da saúde, que submete ao controle privado as próprias condições de existência biológica (idem, p. 62).

O que nos parece fecundo nesta análise é compreender a expropriação como processo de subtração de condições históricas de reprodução da força de trabalho, por meio da reapropriação, pelo capital, de parte do fundo público destinado aos direitos conquistados pela classe trabalhadora. Como sintetiza a autora, "as expropriações são a contraface necessária da concentração exacerbada de capitais e que, menos do que a produção de externalidades, são a forma mais selvagem da expansão (e não do recuo) do capitalismo" (idem, p. 93).

Não se trata, evidentemente, de considerar os direitos, sobretudo os seguros sociais, como "propriedade social" nos termos de Castel (1995, 1998), ou como antivalor nos termos de Oliveira (1998). Trata-se de qualificar a bárbara subtração de direitos sociais por meio de sucessivas e avassaladoras contrarreformas nas políticas sociais, que obrigam a classe trabalhadora a oferecer sua força de trabalho no mercado a qualquer custo e a se submeter às mais perversas e precarizadas relações de trabalho, que exacerbam a extração da mais-valia relativa e absoluta.

A redução dos sistemas públicos e expansão dos sistemas privados de saúde e previdência concretizam uma forma de expropriação social, ao menos, por três mecanismos: a) ao restringir o uso do fundo público para as políticas sociais que são privatizadas ou minimizadas, desloca parcela do fundo público, que constitui parte da riqueza socialmente produzida, para a acumulação, por meio de subvenções aos fundos de pensões públicos (regimes fechados de aposentadoria administrados por fundos de pensões) e privados (regimes abertos de aposentadorias instituídos majoritariamente por bancos ou seguradoras privadas), que já constituem as principais agências de financeirização, e também para os planos privados de saúde.[23] Esse processo pode ser uma forma contemporânea de "alienação dos domínios do Estado", junto com as privatizações de bens públicos; b) ao suprimir ou restringir os direitos sociais de saúde e previdência, obriga a classe trabalhadora a dispender parte de seu salário com a compra de bens e serviços no mercado, operando a transformação dos direitos do cidadão em mercadorias e criando a figura do "cidadão consumidor" (Mota, 1995, 2008a). Opera-se aqui uma dupla subsunção do trabalho ao capital: a subtração de direitos sociais de subsistência que obrigam os trabalhadores a disponibilizar sua força de trabalho no mercado e a mercantilização de direitos que passam a ser mercadorias disponíveis no mercado; c) ao suprimir ou reduzir os direitos de aposentadoria, seguro-desemprego, seguro-saúde, obriga

23. Sobre os Fundos de Pensão, consultar o primoroso trabalho de Granemann (2006, 2012). Sobre a saúde, consultar o já citado trabalho de Cislaghi (2015)

o trabalhador a oferecer sua força de trabalho a qualquer custo e em qualquer condição e, ainda, obriga-o a se submeter às regras vexatórias para acessar a assistência social.

Esses mecanismos estão presentes em todas as contrarreformas impingidas ao Estado social capitalista. Sob orientação do Banco Mundial, todos os países capitalistas da União Europeia e da América Latina e Caribe passaram a introduzir políticas de privatização ou redução dos sistemas públicos de aposentadoria e de estímulo aos sistemas privados. As aposentadorias com financiamento por repartição estão sendo progressivamente substituídas pelos regimes financiados por capitalização; as prestações definidas estão dando lugar às aposentadorias com contribuição definida; a idade para obter aposentadoria está ficando cada vez mais distante. O objetivo não é mais "proteger" a classe trabalhadora em momentos de "risco" e necessidades sociais, mas limitar o aumento das despesas públicas pela via da restrição/redução dos direitos, estimular a oferta mercantil desses serviços e assegurar a subsunção do trabalho nesse contexto de ofensiva do capital. O que está no coração destas contrarreformas é a garantia da reprodução ampliada do capital em larga escala, já que o desenvolvimento de sistemas privados de aposentadoria presta-se largamente à acumulação capitalista. Ou, conforme sinaliza Chesnais (2011, p. 38): "Os assalariados aposentados deixam de ser apenas 'contribuintes' ou 'poupadores'. Eles se tornam, na maioria das vezes sem ter consciência, parte de uma engrenagem que comporta a apropriação de rendimentos originados na exploração do trabalho dos assalariados, tanto nos países onde o sistema de pensão por capitalização foi criado, quanto naqueles onde os investimentos e especulações serão realizados."[24] Mesmo sem ter consciência, os trabalhadores (com ou sem trabalho) participam ativamente do processo de acumulação, ou, como afirma Marx: "(...) num modo de

24. Exemplo dessa situação no Brasil são os estímulos aos empréstimos consignados para aposentados e pensionistas, que os colocam na armadilha do endividamento junto ao sistema bancário e constitui fonte segura de especulação, já descontados automaticamente das aposentadorias.

produção em que o trabalhador existe para as necessidades de valorização de valores existentes, em vez de a riqueza objetiva existir para as necessidades de desenvolvimento do trabalhador" (1984, p. 193).

A derruição dos direitos do trabalho, da previdência e da saúde, portanto, se presta largamente à valorização do capital. Nessa direção, podem-se apontar três grandes implicações resultantes das sucessivas contrarreformas implementadas desde a década de 1990.[25] A primeira foi a mudança nos sistemas públicos (designados como primeiro pilar de aposentadorias) com redução nos direitos, por meio de diversas mudanças: aumento da idade mínima exigida para aposentadoria; ampliação do tempo de contribuição; estabelecimento de teto máximo e/ou diminuição do nível relativo dos montantes das aposentadorias e pensões; alinhamento da idade exigida para homens e mulheres e introdução de novas formas de financiamento regressivo por impostos. A segunda implicação, decorrente e em articulação com a primeira, foi o desenvolvimento de sistemas de aposentadorias complementares obrigatórios individuais ou profissionais (fundos de pensão fechados) financiados por capitalização (segundo pilar). A terceira foi o estímulo fiscal e normatização que possibilitaram a criação e desenvolvimento de sistemas privados de poupança individual (fundos de pensão abertos), não obrigatórios, com ou sem subvenção do Estado (terceiro pilar). São tendências destinadas a reduzir o aporte do fundo público na reprodução da força de trabalho e criar novos nichos de acumulação.

Essas transformações não ocorreram com a mesma intensidade em todos os países. No âmbito da Europa, de acordo com Palier (2010c) e Cornilleau et al. (2010), os países que mais estimularam/desenvolveram o segundo e o terceiro pilares foram os países do leste europeu, os Países Baixos, Reino Unido, Finlândia, Irlanda, Suécia e Dinamarca. Nos países continentais e do sul da Europa, embora os governos tenham estimulado os sistemas por capitalização,

25. Essas orientações e distinções das contrarreformas estão em Boschetti (2012a). Aqui retomo somente as grandes tendências.

esses não se desenvolveram em larga escala devido à resistência da classe trabalhadora. No caso dos países da América Latina e Caribe, todos realizaram contrarreformas que alteraram os sistemas públicos e estimularam os fundos públicos e privados de aposentadoria (Boschetti, 2008; Mesa-Lago, 2003 e 1996; Filgueira, 1997, 2007).

A saúde pública tem sido o segundo alvo das contrarreformas, após a previdência social. Palier (2010e, p. 77) afirma que, nos últimos 25 anos, todos os países europeus realizaram mudanças com o objetivo comum de liberalização dos sistemas de saúde e introdução de mecanismos de mercado nas políticas públicas. Nos países onde a saúde segue a lógica beveridgiana (sistema público, com acesso universal, independentemente de contribuição e financiamento por imposto fiscal), as mudanças da saúde se iniciaram na Grã-Bretanha, espalharam-se na Europa do sul e por fim atingiram os países nórdicos. Todas seguem na direção de restrição do sistema público, introdução de mecanismos de pagamento ou contrapartida por parte dos usuários, e substituição do financiamento por impostos pelo financiamento por contribuição, o que muda o sistema com a introdução da lógica bismarckiana de seguro social (Deletang, 2003).

Entre os países cujo sistema de saúde segue a lógica bismarckiana (acesso vinculado à prévia contribuição), as sucessivas contrarreformas seguem globalmente as seguintes tendências: introdução de "*tickets* moderadores"[26] para os gastos com medicamentos, cuidados de auxiliares medicais, próteses dentárias, ótica e transporte de ambulância; privatização ou liberalização da escolha das Caixas de Seguro-Saúde pelos usuários, o que significa livre concorrência entre as caixas de seguro-saúde; aumento das contribuições dos trabalhadores e redução das contribuições dos empregadores com vistas a "estimular o emprego"; introdução de "*ticket* moderador" para consultas

26. Os tíquetes moderadores são exigências de participação dos usuários no pagamento do serviço. Em vez de as caixas reembolsarem a totalidade de gastos do usuário com o serviço, os tíquetes moderadores estabelecem diferentes percentuais de reembolso que serão assumidos pelas caixas, sendo que o restante deverá ser assumido pelo próprio usuário. Os percentuais a serem assumidos pelos usuários podem variar de 10% a 50%, dependendo do tipo de serviço.

médicas com especialistas que não foram prescritas por um médico generalista (antes gratuitas), e supressão de reembolso de certos serviços, como medicamentos sem receita médica, óculos, esterilização, curas termais, transporte. Essa contrarreforma também atingiu o modo de financiamento, introduzindo fontes baseadas em impostos para licença-maternidade, duplicando a contribuição dos aposentados para cuidados de longa duração e transferindo a responsabilidade de financiamento do auxílio saúde para o trabalhador e não mais para o empregador (Palier, 2010e, p. 92). Outra tendência tem sido a instituição de sistemas duais de saúde, com introdução de regimes públicos com serviços limitados para cobrir a população pobre não inserida em um regime profissional contributivo e a manutenção de regimes profissionais destinados à classe trabalhadora empregada, sendo este financiado majoritariamente pelas contribuições salariais (Palier, 2010e; Duval, 2008).

Para Duval (2008), as contrarreformas decorrem do primado das políticas macroeconômicas neoliberais, pouco preocupadas com seus efeitos sobre a desigualdade social. A busca do lucro a qualquer custo faz com que os "reformadores" sejam acometidos de uma dupla "cegueira", diz o autor.[27] Ao se fixarem na eficiência e eficácia econômica e financeira, ignoram as condições como precarização do trabalho e das condições de vida que, na situação contemporânea de crise, exigem reforço da proteção social e não sua redução. Segundo, mascaram os efeitos sociais das contrarreformas por meio de análises "encantadas" segundo as quais as medidas políticas aparecem como excelentes soluções para resolver os problemas mais urgentes. As contrarreformas, afirma o autor: "são totalmente deslocadas em relação a uma situação social que elas correm o risco de agudizar e de agravar seriamente" (Duval, 2008, p. 121).

Embora com particularidades nacionais, também nos países do capitalismo periférico, em especial na América Latina e Caribe, essas

---

27. O autor intitulou um capítulo de seu livro de *Les oeillères des réformateurs* (cf. Duval, 2008, p. 90).

tendências são encontradas. As contrarreformas atingiram em profundidade a política de saúde, com implicações no financiamento público e concomitante aumento do gasto privado das famílias, empresas e ONGs (organizações não governamentais), acompanhada de uma deterioração dos serviços públicos. O Panorama Social da Cepal (2014, p. 47-48) mostra que a saúde foi a política social que menos recebeu investimento em relação à educação, previdência e assistência social. Nos países da América Latina e Caribe, entre 1990-1991 e 2012-2013 o investimento público em saúde cresceu somente 1% do PIB, enquanto o gasto social total cresceu 5,3% do PIB. A própria Cepal afirma:

> Este incremento do gasto em educação ocorreu em detrimento da expansão do setor da saúde, já que se registra um incremento relativamente leve de sua prioridade macroeconômica (um ponto porcentual do PIB). Ante as contrações orçamentárias deste setor, costumam-se sacrificar os investimentos ou reinvestimentos em infraestrutura, a renovação de equipamentos e a reposição de insumos médicos, o que suscita problemas no setor público da saúde, afeta a cobertura e, principalmente, a qualidade das prestações, situações que demoram a normalizar-se. (Cepal, 2014, p. 48)

Os processos privatizantes, diretos e indiretos, da previdência e saúde públicas, somados à supressão dos direitos do trabalho, se submetem ao imperativo da acumulação e, ao expropriar os direitos conquistados, suprimem dos trabalhadores a possibilidade de acessar parte da riqueza socialmente produzida, apropriada pelo Estado sob forma de fundo público constituído por impostos e tributos para financiar os serviços públicos. A supressão ou restrição de direitos existentes reduz a participação social do Estado na reprodução ampliada da força de trabalho, conforme discutido no capítulo anterior e, em novo contexto e condições históricas, deixa os trabalhadores "livres como pássaros", o que os impele a se submeter a não importa que tipo de trabalho ou atividade para assegurar sua subsistência e de sua família, ou seja, os lança ao jugo das relações de mercado sem proteção.

A redução do dispêndio do fundo público na realização de direitos do trabalho, previdência e saúde, especialmente, produz uma dupla operação na constituição da base social da acumulação. Por um lado, obriga a classe trabalhadora a buscar meios de reprodução de sua força de trabalho no mercado, por meio da compra de serviços e benefícios que deixam de ser públicos e se tornam mercadoria, o que implica em criação de mais excedente, portanto mais acumulação. Por outro lado, muda o papel do Estado na reprodução ampliada do capital, sem retirar sua importante função de partícipe desse processo, mas agora sob novas configurações do Estado social. Por um lado, suas funções se limitam cada vez mais à regulação e normatização das políticas sociais que são potencialmente capazes de se constituir em nichos de acumulação por meio de sua privatização e redução, como é o caso da saúde, previdência, mas também educação, habitação, transporte e outras. Por outro lado, suas funções se agigantam na interposição da assistência social, que ganha relevância em contexto de crise e, como afirma Mota, "as classes dominantes invocam a assistência social como uma solução para combater a pobreza relativa e nela imprimem o selo do enfrentamento da desigualdade" (2008b, p. 141).

O Estado social mantém sua função de regulação e distribuição de parcelas do excedente social e não deixa de participar da reprodução ampliada do capital, mas realiza as funções de reprodução da força de trabalho e de manutenção da população não trabalhadora nos limites da sobrevivência. No âmbito da previdência e saúde, a ação estatal se limita cada vez mais à manutenção de sistemas públicos mínimos ou básicos (os chamados planos de base) e regula a instituição de planos privados abertos e/ou fechados que se constituem em novos nichos de acumulação. No âmbito do trabalho, reedita a antiga e insolúvel tensão entre assistência social e trabalho, mas agora com novas nomenclaturas e configurações chamadas políticas de ativação da proteção social.

3.3 Políticas de ativação: forma contemporânea de tensão entre assistência social e trabalho

O aumento do desemprego de longa duração e de empregos temporários, e a institucionalização da flexibilização e precarização do trabalho, baseada na redução do custo do trabalho e forte redução da massa das horas trabalhadas constituem as principais expressões da redução do trabalho com direitos. A extinção ou subtração de direitos trabalhistas é uma resposta da ofensiva burguesa à crise do capital em sua busca incessante por superlucros. Cresce e ganha força, mesmo entre a classe trabalhadora, a retórica da aceitação de qualquer negociação para manter o emprego, mesmo que isso signifique perder direitos.

O estudo de Whiterford (2006) mostra como o desemprego na União Europeia vem sofrendo flutuações nas últimas três décadas, demonstrando a pertinência da análise de Mandel (1990) sobre a crise, já abordada aqui. Os índices de desemprego nos países da União Europeia recuaram na segunda metade da década de 1990, aumentam a partir de meados da década de 2000, e se agudizam com a crise de 2007-2008. A média do desemprego na União Europeia (28 países) passou de 9% em 2009 para 10,2% e chega a 11,6% em 2014 se considerados apenas os países da zona do euro (17 países), mas com grandes diferenças entre os países. De maneira global, o crescimento do desemprego não altera as tendências históricas de persistência de maior desemprego nos países do sul (acima de 12%) e com forte elevação na Espanha (24,5%) e Grécia (26,5%) em 2014. A média nos países continentais fica entre 7% e 10% à exceção da Alemanha (5%) e de Luxemburgo (6%), enquanto a média nos países nórdicos, que era de menos de 5% em 2008, sobe para 7%, à exceção da Noruega, que permanece em 2014 com 3,5% de desemprego em relação à população economicamente ativa.[28]

---

28. O detalhamento dessas tendências está em Boschetti (2012a). Os dados foram atualizados em 4 e 5 de setembro de 2015 a partir do acesso ao Sistema Eurostat. Disponível em: <http://ec.europa.eu/eurostat/data/database>.

O aumento do desemprego, somado ao crescimento persistente do desemprego de longa duração (mais de 12 meses) e o aumento percentual de empregos temporários no total dos empregos em todos os países constituem as principais manifestações da precarização das relações de trabalho. A persistência do desemprego e a dificuldade de reabsorção do mercado de trabalho são consideradas situações "novas" nesse contexto de crise atual, pois os breves períodos de crescimento não são capazes de reintegrar ao mercado de trabalho todos os trabalhadores que perderam seus empregos em períodos de agudização da crise. Os países com menores índices de desemprego, como Alemanha, Dinamarca e Noruega adotaram fortes políticas de "ativação" para o trabalho, baseadas em uma política macroeconômica de flexibilização e precarização do trabalho, com vistas à redução dos custos do trabalho (ONPES, 2012; Abrahamson, 2009; Barbier, 2006).

O desemprego persistente, aliado à redução no montante de muitas prestações sociais em alguns países europeus, é uma das principais causas de empobrecimento da classe trabalhadora.[29] O empobrecimento só não é maior em decorrência das transferências sociais realizadas pelas políticas que compõem o Estado social que, em alguns países, respondem por aproximadamente 30% do rendimento familiar.[30] Ou seja, o Estado social ainda tem um papel determinante na reprodução da força de trabalho, mas em novas condições e configurações, como será demonstrado a seguir. O financiamento vem sendo assumido cada vez mais pela classe trabalhadora, a quem é imposta maior participação nos custos do Estado social. Em outros estudos, já demonstrei como o financiamento das políticas sociais pode assumir um caráter mais ou menos redistributivo, podendo ser mais progressivo, se originado em fontes custeadas pelo capital. A origem das receitas revela quem "paga a conta" da proteção social, indica se a

29. Sobre o empobrecimento da classe trabalhadora na Europa, ver Boschetti (2012a).

30. Na França, as prestações sociais correspondem a 33% do rendimento disponível das famílias em situação de pobreza contra 4% para o conjunto da população, conforme indica o Relatório do ONPES (2012, p. 35-36).

fonte dos recursos onera predominantemente a classe trabalhadora ou os empregadores e também sinaliza a predominância do sistema bismarckiano (supremacia de contribuições diretas de empregados e empregadores) ou beveridgiano (supremacia de impostos fiscais).[31]

Tradicionalmente, os sistemas de proteção europeus, sobretudo os dos países nórdicos e continentais, basearam-se em receitas de natureza mais progressiva, seja pela supremacia de contribuições dos empregadores sobre as dos trabalhadores, seja por impostos fiscais de caráter mais redistributivo (Dupuis, 1994). Tal característica vem sendo abandonada progressivamente, e os ajustes orçamentários estão transferindo seus custos para a classe trabalhadora, como revelam os dados disponibilizados pela União Europeia e analisados a seguir.

Quanto à participação das receitas do Estado social no PIB dos países da União Europeia, as informações disponíveis no Sistema Eurostat[32] mostram que as receitas que financiam a proteção social somam mais de 15% do PIB em todos os países da União Europeia (28 países), mas há enorme diferença entre eles. No ano de 2012, último disponível, em oito países as receitas eram superiores a 30% do PIB: Dinamarca (37,13%), Suécia (34,31%), Países Baixos (33,81%), Finlândia (32,97%), Alemanha (32,62%), França (32,11%), Reino Unido (31,36%) e Áustria (30,15%). São, historicamente, os países com o maior PIB da Europa, que mais universalizaram a proteção social

31. Cf. Boschetti (2003, 2006 e 2010), e também em coprodução, conforme Behring e Boschetti (2006) e Boschetti e Salvador (2006).

32. Conforme explicação disponível no Sistema Eurostat, "as receitas compreendem as contribuições sociais diretas de empregadores e trabalhadores (designados no sistema Eurostat como "protegidos") sobre folha de salário, as contribuições do Estado sobre orçamento público e outras receitas não especificadas no sistema. Estas receitas são destinadas ao financiamento de transferências sociais em espécie ou *in natura* para as famílias e/ou indivíduos, a fim de reduzir os custos com a satisfação de necessidades e situações de risco como doença/cuidados com saúde e enfermidades, envelhecimento, sobrevivência, família/crianças, desemprego, moradia, exclusão social não contempladas nas anteriores". Desse modo, essas receitas federais são destinadas aos gastos sociais com saúde, previdência, seguro-desemprego, prestações familiares (alocações em função do número de filhos), programas de transferência de renda assistenciais e prestações de auxílio moradia (habitação). Estão excluídos outros gastos sociais, como educação, lazer e política urbana.

e onde os benefícios e prestações sociais possuem os maiores montantes. Os países nórdicos seguem na frente (à exceção da Noruega) e, apesar das sucessivas crises, a receita da proteção social continua elevada.

Entre os países continentais, os Países Baixos, Alemanha e França são os que mais se aproximam dos países do norte europeu. Em nove países, a receita destinada à proteção social fica entre 25% e 30% do PIB. Entre esses, está a maioria dos países continentais e do sul da Europa e apenas um país do leste: Itália (29,53%), Grécia (28,92%), Islândia (28,84%), Hungria (27,81%), Portugal (27,80%), Irlanda (27,56%), Noruega (26,86%), Espanha (26,01%) e Luxemburgo (25,34%). Em todos os países do leste europeu (à exceção da Hungria) a receita fica abaixo de 25% do PIB, sendo que Eslovênia (24,78%) e República Checa (20,20%) estão entre 20% e 25% e nos demais a receita fica entre 15% e 20% do PIB: Eslováquia (19,93%), Polônia (19,40%), Estônia (18,97%), Bulgária (18,93%), Lituânia (18,89%), Letônia (16,94%) e Romênia (15,56%). No caso da Suíça, o último dado disponível é de 2008, quando a receita da proteção social correspondeu a 28,28% do PIB.

Quando se observa a fonte dessas receitas, normalmente utilizada para distinguir os regimes beveridgianos (financiamento predominantemente por imposto) dos bismarckianos (financiamento predominantemente por contribuições de empregados e empregadores sobre o salário), constata-se que a participação do Estado no financiamento a partir de impostos ainda predomina nos países nórdicos, onde ela é superior a 15% do PIB: Dinamarca (23,79%), Islândia (15,55%), Reino Unido (15,34%), Irlanda (15,26%) e Suécia (17,80%). Nesses países, os impostos fiscais têm um peso mais importante nas receitas do que as contribuições sociais de empregados e empregadores extraídas diretamente dos salários. A Noruega apresenta a única exceção entre os países nórdicos, pois o financiamento por contribuições (14,11% do PIB) é superior ao financiamento por impostos (12,70%), o que mostra que nesse país está ocorrendo o inverso dos países continentais. Isso indica que a Noruega está ampliando a participação de trabalhadores e empregadores no financiamento do Estado social e introduzindo a lógica bismarckiana em um sistema em que essa foi, tradicionalmente, bastante limitada. Quanto à participação das contribuições de empregadores e trabalhadores no PIB, nesses países observa-se que a carga maior recai mais sobre os empregadores e menos sobre os trabalhadores, à exceção da Dinamarca. Nesse país, os empregadores contribuem com 4,11% do PIB e os trabalhadores com 7,47%, o que reflete uma mudança em seu caráter redistributivo, decorrente das contrarreformas da década de 1990 (Gilles e Lelièvre, 2003), que fortaleceram os regimes de seguro corporativos, até então residuais, já que o regime geral é majoritariamente financiado pelo Estado, com prestações universais. Nos outros países do norte da Europa, a contribuição dos empregadores é largamente superior àquela dos trabalhadores: Islândia (9,91% dos empregadores contra 1,98% dos trabalhadores), Reino Unido (10,06% contra 3,68%), Irlanda (15,26% contra 4,33%), Suécia (12,50% contra 3,29%). Nesse conjunto de países, o que se deseja destacar são duas tendências: a primeira é que o financiamento por impostos é superior, em proporção do PIB, ao financiamento por contribuições salariais e possuem caráter mais progressivo; e segundo, a contribuição de empregadores é superior àquela dos trabalhadores, sendo que a Irlanda é o país que apresenta maior diferença, favorável aos trabalhadores.

Nos países de tradição bismarckiana, a participação do Estado no financiamento vem crescendo sucessivamente e ficou entre 10% e 15% do PIB em 2009, o que levou alguns autores a concluir que esses países estão dizendo "good bye"[33] ao modelo bismarckiano de seguros sociais. O crescimento do financiamento por impostos indiretos pode ser altamente regressivo, porque transfere para o consumo da classe trabalhadora o custo de financiamento das políticas sociais, sobretudo se os impostos forem regressivos. É um tipo de financiamento que desonera o capital e onera o trabalho. Ainda que

33. Trata-se do título do livro organizado por Bruno Palier, *A long good bye to Bismarck? The politics of welfare reforms in Continental Europe* (2010d).

as contribuições diretas de trabalhadores e empregadores sejam superiores à do Estado, os dados longitudinais disponíveis no Eurostat demonstram que as contribuições sobre salários vêm reduzindo sua participação total nas receitas, e a distância entre contribuições e impostos é cada vez menor. Os dados relativos ao ano de 2012 mostram a proporção das contribuições e dos impostos no PIB, revelando que as primeiras ainda são superiores: França (20,74% de contribuições contra 10,24% de impostos fiscais), Alemanha (19,85% contra 11,48%), Áustria (19,11% contra 10,50%), Finlândia (15,93% contra 14,89%), Itália (15,81% contra 12,93%), Grécia (15,17% contra 11,08%), Espanha (14,43% contra 11,20%), Luxemburgo (12,73% contra 11,43%) e Portugal (12,43% contra 12,31%). Percebe-se que a diferença entre financiamento por contribuição e por imposto, em participação no PIB, está cada vez menor, sendo a França o único país em que as contribuições representam o dobro do financiamento por imposto fiscal. Apesar da crescente ampliação das fontes por meio de impostos fiscais, as contribuições continuam sendo majoritárias nos países continentais e inferiores nos países nórdicos.

Nos demais países da União Europeia, sobretudo os do leste europeu, cujo sistema de proteção social de natureza capitalista é recente, a participação do Estado no financiamento corresponde a menos de 10% do PIB, sendo a menor na Estônia (3,41%) e a maior na Hungria (9,69%). Em relação às contribuições dos empregadores, a mais elevada está na Estônia (14,75% contra 0,75% dos trabalhadores), o que aponta para um financiamento mais redistributivo. Inversamente, a menor participação das contribuições de empregadores no PIB (5,46%) está na Romênia, ainda que ela seja superior à participação dos trabalhadores (2,40% do PIB). Quanto às contribuições dos trabalhadores, a mais elevada está na Eslovênia (9,60% do PIB contra 6,54% dos empregadores), indicando sua natureza pouco redistributiva.

Quando se observa a tendência dessa participação no PIB no período entre 2000 e 2012, o que se constata é que catorze países diminuíram o percentual de contribuição dos empregadores, enquanto treze aumentaram-no. Nesse mesmo período, dez países reduziram o percentual de contribuição dos trabalhadores, e dezessete, ao contrário, aumentaram-no, indicando o aumento dos custos para a classe trabalhadora. Por outro lado, em contexto de crise e aumento do desemprego, sobretudo após 2008, poder-se-ia esperar uma redução das contribuições, muito vinculadas aos salários. Mas, ao contrário, a maioria aumentou a participação dessas receitas no PIB, o que pode indicar aumento no valor das contribuições, o que ocorreu na maioria dos países. Os dados revelam ainda que, entre 2007 e 2012, em sete países, o percentual de aumento das contribuições dos trabalhadores foi maior que dos empregadores, mostrando que, nestes países, os trabalhadores pagaram mais o custo da proteção social — Alemanha, Bulgária, Dinamarca, Lituânia, Romênia, Eslováquia e Suécia.

Se analisados pelo ângulo da despesa, os investimentos na proteção social,[34] em percentagem do PIB, apresentam crescimento entre os anos 2000 e 2012. A média de participação das despesas da proteção social no PIB da União Europeia (27 países) subiu de 27% em 2005 para 29,5% em 2012. Na zona do euro (17 países) passou de 27,6% em 2015 para 30,4% em 2012. Entre 27 países com os dados disponíveis, houve queda na participação da proteção social no PIB em 5 países: Alemanha (de 29,9% para 29,5%), Hungria (de 21,9% para 21,8%), Polônia (de 20% para 18,1%), Suécia (de 31,6% para 30,5%) e Noruega (de 25,7% para 25%). Observe-se que a queda atingiu países onde o Estado social havia alcançado elevado patamar

---

34. Os títulos da tabela foram traduzidos dos originais das tabelas extraídas do Sistema Eurostat, que apresenta a seguinte nota explicativa: "As despesas da proteção social compreendem: as prestações sociais em espécie ou *in natura*, transferidas às famílias e/ou indivíduos para aliviar a carga produzida por certas necessidades ou em situações de risco; as despesas de funcionamento, que representam os custos de gestão dos programas sociais; outras despesas que compreendem os custos diversos dos regimes de proteção social (pagamento do rendimento da propriedade e outros). Elas são calculadas em preços correntes." Informação disponível no sistema esclarece que a despesa com "atividades fins" corresponde, em média, a 95% do total. A tabela apresenta somente as despesas com benefícios, excluídas as despesas com funcionamento do sistema e extraídos do Sistema Eurostat. Disponível em: <http://ec.europa.eu/eurostat/data/database>. Acesso em: 4-5 set. 2015.

de universalidade (Noruega, Suécia e Alemanha). Nos demais países, ocorreu crescimento na participação da proteção social no PIB em média de 2 pontos percentuais.

Os maiores investimentos ainda estão nos países nórdicos e continentais, embora países do sul da Europa (Grécia, Itália) tenham superado alguns países continentais, conforme mostram os dados seguintes apresentados em ordem decrescente de participação percentual no PIB: Dinamarca (34,6%), França (34,2%), Países Baixos (33,3%), Irlanda (32,5%), Finlândia (31,5%), Grécia (31,2%), Bélgica (30,8%), Suécia (30,5%), Itália (30,3%), Áustria (30,2%), Alemanha (29,5%), Reino Unido (28,8%), Suíça (27,5%), Portugal (26,9%), Espanha (25,9%), Eslovênia (25,4%), Islândia (25,2%), Noruega (25%). Os demais países apresentam participação da proteção social no PIB inferior a 25%.

A distribuição das despesas com o Estado social é bastante diversificada e envolve vários tipos de prestações sociais, conforme detalha a Tabela 01 a seguir.[35] Mantém-se a tradição histórica de maior despesa com seguros sociais, sendo que a aposentadoria por idade absorve a maior parcela em todos os países, à exceção da Irlanda, Islândia, Países Baixos e Alemanha, em que a saúde absorve mais recursos que a aposentadoria por idade. Nos demais países, a saúde aparece como a segunda política social com maior investimento. Se comparados os dados entre 2005 e 2012, a despesa com aposentadoria por idade aumentou 1,63 p.p. na União Europeia e 1,01 p.p. na zona do euro. Ocorreu aumento em praticamente todos os países e decresceu somente na Alemanha, nos Países Baixos, Eslovênia, Eslováquia e Islândia, o que parece indicar um reflexo da precarização do trabalho apontada anteriormente.

---

35. No item exclusão social estão incluídos os programas de transferência de renda e outras prestações não classificadas nas demais. As pensões por morte são designadas na tabela do Eurostat como "Pension de Survie" (pensão de sobrevivência). Aqui, traduzimos em consonância com a designação brasileira. Para uma crítica ao conceito de exclusão, ver Maranhão (2008).

Tabela 1

Despesa por tipo de prestação social em % do total de despesa, 2012

Países	Prestações Sociais Monetárias							
	Aposentadoria por idade	Saúde	Alocação familiar	Aposentadoria por invalidez	Pensão por morte	Seguro-desemprego	Exclusão social	Moradia
Alemanha	33,05p	33,82p	11,18p	7,96p	7,10p	4,18p	0,57	2,15p
Áustria	44,22	25,64	9,47	7,40	6,44	5,16	1,22	0,44
Bélgica	32,75	28,98	7,31	7,76	7,00	12,57	2,76	0,87
Bulgária	44,43	26,19	10,56	8,01	5,67	3,55	1,51	0,08
Chipre	46,29	21,78	7,14	3,45	6,03	6,75	5,77	2,78
Dinamarca	43,66	20,85	12,16	12,33	0,02	5,54	3,26	2,18
Eslováquia	38,81p	30,39p	9,93p	8,95p	5,18	4,02p	2,36	0,37p
Eslovênia	40,45	32,21p	8,48p	6,40p	6,69	3,07p	2,62	0,07p
Espanha	36,25p	26,29p	5,43p	7,20p	9,37	14,03p	0,84p	0,58e
Estônia	43,96	28,17	11,45	11,78	0,50	3,06	0,79	0,29
Finlândia	37,71	25,77	11,04	11,56	2,98	6,93	2,72	1,79
França	40,05p	28,75p	7,94p	6,53p	5,63	6,09p	2,40p	2,61p
Grécia	51,28p	21,42p	5,48p	4,49p	8,03	6,33p	2,14p	0,83p
Hungria	45,85	23,61	12,33	7,50	6,08	2,63	0,46	1,56
Irlanda	20,58p	48,67p	10,84p	4,16p	1,65p	11,59	0,89p	1,63p

Islândia	23,81	34,07	10,90	16,28	2,42	5,46	2,43	4,64
Itália	52,68p	24,06p	4,76p	5,77p	9,22p	3,17	0,26p	0,07p
Letônia	54,55p	21,92p	7,20p	8,65p	1,63p	3,69	1,40p	0,96p
Lituânia	43,68p	27,34p	8,75p	9,72p	3,07p	2,72	4,70p	0,02p
Luxemburgo	29,38	25,46	16,18	11,13	8,51	5,80	2,26	1,28
Malta	45,62	29,61	6,25	3,89	9,75	2,99	1,48	0,42
Noruega	33,19	30,34	12,38	17,03	1,11	2,47	2,88	0,60
Países Baixos	35,87p	35,95p	3,50p	7,37p	3,87p	5,61p	6,60	1,23p
Polônia	49,19p	23,96p	4,79p	8,41p	10,89p	1,66p	0,77	0,33p
Portugal	47,24	24,99	4,89	7,40	7,53	6,81	1,14	0,01
Reino Unido	44,68p	32,81p	6,64	6,81p	0,39	2,53p	0,6	5,55p
República Checa	46,07	31,64	5,51	7,08	3,70	3,34	1,69	0,97
Romênia	49,41	26,51	8,59	8,35	4,72	1,13	1,17	0,13
Suécia	41,40p	25,54p	10,56p	12,96	1,52p	4,12p	2,31	1,59p
Suíça	42,78p	28,93p	5,95p	9,96p	5,85p	3,37p	2,62p	0,52p
UE (27 países)	40,65p	29,60p	7,81p	7,37p	5,61p	5,36p	1,51	2,09p
ZE (17 países)	39,33p	29,61p	7,85p	7,05p	6,90p	6,15p	1,62	1,50p

Fonte: Elaboração própria, com dados do Sistema Eurostat. Disponível em: <http://ec.europa.eu/eurostat/data/database>. Acesso em: 4 set. 2015.
Legenda : = não disponível; p = provisório; e = estimativa.

No âmbito da proteção social, a segunda que absorve mais recursos é a saúde, que fica com 29,6% em média das despesas da proteção social na União Europeia (27 países) e 29,61% na zona do euro (17 países). Quando se analisa o investimento ao longo dos anos, o que se constata é que entre 2005 e 2012, a média da União Europeia cresceu 0,78 p.p. e na zona do euro cresceu 0,96 p.p. Contudo, somente em sete países ocorreu crescimento da saúde em relação ao total da proteção social, o que puxou a média para cima: Alemanha, Dinamarca, Eslovênia, Irlanda, Polônia, Reino Unido, Suíça. Nos demais países, o investimento em saúde entre 2005 e 2012 decresceu sua participação no conjunto da proteção social, o que pode ser explicado pelas tendências de redução da saúde pública e crescimento da saúde privada, conforme analisado anteriormente. Para lembrar, na maior parte dos países, a saúde segue a lógica do seguro, vinculada e dependente de contribuições efetuadas à seguridade social.

Em seguida, o terceiro maior campo da proteção social em termos de investimento público são as prestações familiares,[36] pouco conhecidas no Brasil. Estão presentes em todos os países europeus, ainda que com forte diferenciação e clivagem entre eles (Damon, 2008) e consistem em diversos tipos de prestações assistenciais voltadas, em sua maioria, para proteção à infância, atribuídas em quatro situações: em função do número de filhos dependentes, prestações para auxiliar nas despesas com educação, prestações para auxiliar na guarda dos filhos e prestações especiais para guarda de crianças órfãs. Os países escandinavos e a França desenvolveram diversos tipos de prestações

36. A página oficial da União Europeia informa que, no caso das prestações familiares, se um dos pais é transferido pelo empregador para outro país "as diferenças entre os sistemas nacionais podem ter uma incidência importante sobre a renda global". Nesse caso, informa que as autoridades nacionais analisarão a situação familiar e determinarão qual país tem prioridade na continuidade de pagamento das prestações. Esta decisão, indica a página oficial é "baseada em regras ditas de prioridade. (...) Se as alocações recebidas do país prioritário são menos elevadas daquelas recebidas no país de origem, o segundo país deverá pagar um complemento equivalente à diferença entre o montante das duas alocações". Assim, continua a informação, "está garantido o recebimento da soma máxima à qual o trabalhador tem direito". Disponível em: <http://europa.eu/youreurope/citizens/work/retire/family-benefits/index_fr.htm>. Acesso em: 4-5 set. 2015.

familiares universais e com montantes elevados, sendo largamente legitimadas pela sociedade. Nesses países, o montante das prestações se eleva em função do maior número de filhos. Nos países do sul e do leste europeu, ao contrário, as prestações familiares são reduzidas, e fundadas mais em serviços do que em valores monetários. Os parâmetros e critérios para recebimento são muito diversos. Damon (2008, p. 81) mostra que na Áustria, Bélgica, Dinamarca, França, Luxemburgo, Países Baixos e Portugal, o montante das prestações familiares aumenta de acordo com a idade da criança. A idade limite dos filhos para recebimento das prestações assistenciais é de 16 anos na Irlanda, Portugal, Suécia e Reino Unido; de 17 anos nos Países Baixos, de 20 anos na França e de 18 anos nos outros países.

A Tabela 1 mostra a importância dessa modalidade de proteção social, visto que, apesar dessas diferenças, ocupa o terceiro maior investimento em percentual médio dos países da União Europeia, seguida pela aposentadoria por invalidez, que ocupa o quarto lugar. Contudo, quando se observa a predominância nos países, constata-se que em quinze países predominam as prestações familiares e em outros quinze predomina a aposentadoria por invalidez. As despesas com essas prestações assistenciais decresceram 0,16 p.p. entre 2005 e 2012 na União Europeia (27 países) e 0,34 p.p. na zona do euro (17 países). A maioria dos países reduziu o investimento nessas prestações sociais, mas em sete países a despesa aumentou: Alemanha, Bulgária, Hungria, Itália, Noruega, Suécia e Suíça.

A aposentadoria por invalidez absorve o quarto maior investimento e as pensões por morte vêm na sequência no total das despesas, embora em 8 países elas superem a aposentadoria por invalidez e em 6 ultrapassam também as prestações familiares. No período analisado, entre 2005 e 2012, as aposentadorias por invalidez decrescem sua participação no conjunto da proteção na União Europeia em 0,65 p.p. e na zona do euro em 0,21 p.p., mas em 10 países elas aumentaram sua proporção no total da proteção social: Bélgica, Estônia, França, Grécia, Islândia, Letônia, Lituânia, Luxemburgo, Noruega e Suíça. Quanto às pensões por morte, elas diminuíram sua presença no conjunto da proteção social na maioria dos países. A média de decréscimo na União

Europeia foi de 1,07 p.p. e na zona do euro foi menor, de 0,85 p.p. Entre o conjunto dos países, ela ampliou sua participação somente em seis: Bulgária, Eslovênia, Eslováquia, Grécia, Portugal e Romênia.

O seguro-desemprego é o sexto maior investimento na média da União Europeia e da zona do euro, mas em três países ele constitui a terceira maior despesa da proteção social (Bélgica, Espanha e Irlanda). A análise longitudinal revela que entre 2005 e 2012 o investimento em seguro-desemprego decresceu no conjunto da proteção social, o que deveria ser ao contrário, em contexto de aumento do desemprego. Na média da União Europeia, o decréscimo foi de 0,62 p.p. e na zona do euro foi de 0,63 p.p. no período. A análise da condição em cada país, contudo, revela que em 12 países ocorreu acréscimo na participação do seguro-desemprego: Bulgária, Croácia, Chipre, Espanha, Estônia, Eslovênia, Grécia, Irlanda, Islândia, Itália, Luxemburgo e Portugal. Por um lado, na maioria desses países, impera o elevado índice de desemprego e, logicamente, a demanda por seguro-desemprego é maior. Por outro lado, embora não se possa afirmar categoricamente, a redução do seguro-desemprego nos demais países pode estar ligada às mudanças que reduziram sua abrangência e montante em praticamente todos os países.

As despesas com ações para combater a "exclusão social", que incluem os chamados "mínimos sociais", cuja designação é mais conhecida no Brasil como programas de transferência de renda, ocupam o sétimo lugar em 24 países, seguidas pelas despesas com auxílio moradia, que ficam em oitavo lugar. As despesas com ações de combate à "exclusão social" tiveram acréscimo de 0,26 p.p. na média da União Europeia entre 2005 e 2012 e 0,37 p.p. na média da zona do euro. Em catorze países, ocorreu acréscimo de investimento nesse tipo de proteção social entre 2005 e 2012, com predominância em países onde, tradicionalmente, a pobreza era residual e praticamente inexistiam políticas de "combate à pobreza e à exclusão social" como são designadas: Alemanha, França, Itália, Chipre, Letônia, Lituânia, Luxemburgo, Países Baixos, Áustria, Portugal, Finlândia, Suécia, Islândia, Noruega. Nos demais países, o montante destinado a essas prestações sociais decaiu no conjunto da proteção social.

Esses dados revelam a diversificação e o peso crescente das prestações assistenciais no conjunto da proteção social europeia, o que corrobora a tese aqui sustentada de que a assistência social vem assumindo cada vez mais um papel determinante na reprodução da força de trabalho, ou, em termos mais precisos, da superpopulação relativa latente e flutuante, nos países onde, historicamente, ela tinha um papel mais restrito à reprodução da superpopulação relativa estagnada.

Outro conjunto de dados relativos a essas prestações sociais, comparando as despesas com as prestações que não exigem critérios de renda (aquelas tidas como universais e vinculadas à lógica do seguro, como aposentadorias, pensões, seguro-desemprego, seguro saúde e algumas alocações familiares) e aquelas que são condicionadas a critérios de renda, ou seja, destinadas à população pobre sob condição de recursos (prestações assistenciais de combate à "exclusão social", algumas prestações familiares e auxílio moradia), reforça a tendência de ampliação da assistência social no Estado social europeu. A Tabela 2 mostra esses indicadores em percentual do PIB e em euro por habitante (euro *per capita*), o que permite avaliar o significado monetário da proteção social para as condições de vida dos europeus.

Inicialmente, os dados revelam a superioridade dos montantes das prestações sociais que não se submetem a critérios de renda (seguros sociais), ou seja, as prestações de caráter universal são significativamente maiores que as prestações assistenciais focalizadas e submetidas a condições de recurso. Enquanto a média das prestações assistenciais na União Europeia (27 países) em 2012 é de 775,49 euros e nos países que compõem a zona do euro (17 países) é de 869,57 euros, a média das prestações não submetidas a critérios de renda é, respectivamente, de 6.535,76 e 7.254,35 euros, ou seja, nove vezes maior. A análise comparativa dos anos selecionados mostra que o investimento nas prestações sem critérios de renda, em termos de participação no PIB, tem um leve acréscimo na média da União Europeia e na zona do euro, enquanto nas prestações submetidas a critérios de renda a média se mantém a mesma entre 2009 e 2012.

Tabela 2

Despesa com prestações sociais sem e com critérios de renda, em % do PIB e em euro *per capita* — Anos selecionados

Países	Prestações sem critérios de renda						Prestações submetidas a critérios de renda					
	% PIB			Euro *per capita*			% PIB			Euro *per capita*		
	2000	2009	2012	2000	2009	2012	2000	2009	2012	2000	2009	2012
Alemanha	25.67	26.60	24.9	6,394.37	7.257,02	8.217,95p	2.88	3.60	3,40p	717.91	977,68	1.114,81p
Áustria	25.74	27.60	27.0	6,700.44	8.165,27	8.894,44	1.68	2.20	2,30	439.71	654,24	754,63
Bélgica	23.29	27.60	27.9	5,739.98	7.472,20	8.347,87	0.89	1.50	1.50	220.05	393,62	449,73
Bulgária	:	15.90	16.2	:	1.656,85	2.042,80	:	0.70	0,70	:	76,79	90,55
Chipre	13.74	18.00	19.4	1,970.14	4.134,75	4.474,81	0.87	2.80	3,20	124.93	631,10	746,41
Croácia	:	19.00	19.3	:	2.756,04	2.965,11	:	1.30	1,40	:	192.95	213,06
Dinamarca	27.24	31.50	31.3	8,857.14	8.726,22	9.469,17	0.80	1.60	1,80	262.93	435,41	531,67
Espanha	17.04	21.20	21.7p	2,667.58	4.937,09	5.048,68p	2.48	3.40	3,70p	389.22	800,72	863,88p
Estônia	13.30	18.70	15.2	598.35	2.787,51	2.824,64	0.33	0.10	0,10	15.28	15,11	23,78
Finlândia	22.78	28.10	28.30	5,818.26	7,379,41	8.360,60	1.52	1.30	1,50	389.45	332,42	443,96
França	24.45	28,10b	28.6p	5,793.97	7.263,57b	8.128,75p	3.26	3.40b	3,50p	774.39	886,99b	991,16p
Grécia	20.72	25.40p	28.3p	2,618.85	5.621,72p	5.543,51p	2.01	2.00p	1,70p	254.95	431,48p	332,36p
Hungria	18.20	21.80	20.7	897.64	3.426,69	3.680,10	1.33	1.20	0,90	65.90	194,71	160,05
Irlanda	9.61	18,40	22.6p	2,675.27	5,062,11	6.743,90p	3.51	6.50	8,30p	977.51	1.795,27	2.488,60p
Islândia	15.84	20.78	20.80	5,307.43	5.701,80	5.619,79	3.05	4.30	6,10	1,024.04	1.187,45	1.802,94

Itália	22.84	26.50	27.2p	4,777.55	6.422,90	6983,63p	0.95	2.00	1,80p	198.86	479,01	468,59p
Letônia	15.00	16.40	13.4p	533.42	2.066,71	2.234,02p	0.25	0.30	0,40p	9.01	40,25	65,22p
Lituânia	14.54	20.10	14.8p	517.49	2.778,67	2.783,41p	0.69	0.50	0,90p	24.85	67,57	172,55p
Luxemburgo	17.86	23.00	22.1	9,007.56	12.388,89	13.102,22	0.98	0.90	0,80	497.36	472,15	491,15
Malta	12.96	16.70	16.6	1,458.76	3.290,64	3.501,71	3.36	2.60	2,50	378.52	514,57	516,93
Noruega	22.98	24.71	24.30	9,346.33	9.500,84	10.882,43	0.90	1.10	1,00	367.56	441,49	455,44
Países Baixos	21.74	25.20	26.6p	5,706.19	7982,12	8.561,16p	2.97	4.50	4,80p	781.82	1.426,23	1.548,26p
Polônia	18.17	19.40	16.9	877.60	2.947,94	3.141,17p	0.96	0.70	0,70p	46.37	107,72	137,04p
Portugal	17.25	22.90	23.2	2,143.40	4.182,66	4.369,89	1.41	2.60	2,30	176.20	471,44	425,50
República Checa	16.80	19.30	19.7	1,043.32	3.884,39	4.228,96	1.41	0.40	0,40	87.70	70,38	95,75
Romênia	11.54	15.96	16.00	209.04	1.828,34	1.995,62	1.16	1.00	0,60	21.06	111,62	84,43
Reino Unido	21.48	23.93	23.30	5,844.49	6.058,35	6.284,02p	3.99	4.20	4,10p	1,087.33	1.094,06	1.072,81p
Eslováquia	16.37	17.39	17.40	670.08	3.013,45	3.437,39p	2.39	0.90	1,00p	98.12	161,04	191,52p
Eslovênia	21.29	21.74	21.70	2,305.66	4.351,85	4.803,56p	2.21	2.00	1,90p	239.96	406,54	398,86p
Suécia	27.92	30.67	30.50	8,442.23	8.588,78	9.161,06p	1.37	0.90	0,80p	414.32	242,20	255,22p
Suíça	:	23.3	23.30	:	7.859,96	8.555,02	:	1.70	1,80p	:	567,97	664,31p
UE (27 países)	:	25.30	25.40p	:	5.972,65p	6.535,76p	:	3.00p	3.00p	:	711,15	775,49
ZE (17 países)	23.08	25.90	26.00	:	6.596,02	7.254,35p	2.40	3.10p	3,10p	518.17	789,71	869,57

Fonte: Elaboração própria. A tabela reúne dados de duas tabelas do Eurostat. Disponível em: <http://ec.europa.eu/eurostat/data/database>. Acesso em: 5 set. 2015. Anos selecionados pela autora.

Legenda : = não disponível; p = provisório; b = ruptura de série

Essas tendências gerais de crescimento e manutenção das médias, contudo, escondem grandes diferenças entre os países. Em 14 países ocorreu decréscimo na participação do PIB das prestações não submetidas a condições de recursos, ainda que o valor médio das prestações tenha aumentado: Alemanha, Áustria, Dinamarca, Estônia, Hungria, Letônia, Lituânia, Luxemburgo, Malta, Noruega, Polônia, Reino Unido, Eslovênia e Suécia. Desse conjunto de países, em seis também ocorreu decréscimo na participação das prestações submetidas a condições de recurso: Alemanha, Hungria, Luxemburgo, Reino Unido, Eslovênia e Suécia. Isso indica que, nesses últimos 6 países, vêm ocorrendo menor participação no PIB de todos os tipos de prestação social, enquanto nos outros 8 ocorreu redução nas prestações universais e ampliação nas assistenciais.

Entre os 17 países em que ocorreu aumento na participação do PIB das prestações sem condições de recursos, três situações diferentes ocorrem em relação às prestações submetidas a critérios de rendimento: 1) três países mantêm o mesmo percentual de investimento entre 2009 e 2012 (Bélgica, Bulgária e República Checa; 2) dez países aumentam também a participação no PIB dos recursos destinados às prestações assistenciais (Chipre, Croácia, Espanha, Finlândia, França, Irlanda, Islândia, Países Baixos, Eslováquia e Suíça); e 3) quatro países reduzem o percentual de participação dessas prestações sociais no PIB (Grécia, Itália, Portugal, Romênia).

Na análise das tendências dos valores médios *per capita* das prestações sociais percebe-se que a redução dos montantes está mais presente nas prestações assistenciais, o que ocorreu em 6 países (Grécia, Hungria, Itália, Romênia, Reino Unido, Eslovênia), contra apenas dois países (Grécia e Hungria), que reduziram os montantes das prestações sem critérios de renda entre o período de 2009 e 2012.[37] Esses dados constituem mais um indício de ampliação da assistência social nesse contexto de crise. O percentual de crescimento

37. O caso da Grécia é emblemático e as reduções foram causadas por imposição da União Europeia, acompanhada em todo o mundo, e que levou ao plebiscito e acordos firmados em 2015.

dos montantes das prestações, bastante variado entre os países, mostra a tendência de percentuais quase idênticos entre os dois tipos de prestações sociais: Na média da União Europeia (27 países) as prestações sociais sem critérios de renda tiveram um acréscimo de 9,88% entre 2009 e 2012, contra 9,04% das prestações assistenciais. Já na zona do euro (17 países), o percentual de crescimento das prestações assistenciais foi de 10,11%, superando o percentual das prestações não assistenciais, que foi de 9,98% no mesmo período, o que revela maior aumento de investimento na assistência social do que nas prestações sociais universais (seguros).

Ainda que haja uma tendência de ampliação das prestações assistenciais, tanto na participação do PIB quanto nos montantes em euro *per capita*, os valores das prestações por habitante, seja na proteção sem critérios de renda (seguros), seja na proteção assistencial, mostram a abissal desigualdade entre os países, sobretudo entre os países do centro-norte e aqueles do leste europeu. Em relação às prestações asseguradas sem critérios de renda, o maior valor *per capita* em 2012 está em Luxemburgo (13.102,22 mil euros), sendo este seis vezes superior ao menor valor, mantido na Romênia (1.995,62 euros). Apenas Luxemburgo e Noruega possuem prestações *per capita* acima de dez mil euros. Em quinze países elas ficam entre 5 e 10 mil euros: Alemanha, Áustria, Bélgica, Dinamarca, Espanha, Finlândia, França, Grécia, Irlanda, Islândia, Itália, Países Baixos, Reino Unido, Suécia e Suíça. Em catorze países as prestações *per capita* estão entre mil e cinco mil euros: Bulgária, Chipre, Croácia, Estônia, Hungria, Letônia, Lituânia, Malta, Polônia, Portugal, República Checa, Romênia, Eslovênia, Eslováquia.

No âmbito das prestações assistenciais submetidas a critérios de renda e destinadas a combater a "exclusão social", as diferenças entre os países são ainda mais gritantes. O menor valor *per capita* em 2012 é o prevalecente na Estônia (23,78 euros) e o maior está na Irlanda (2.488,60 euros), sendo este 105 vezes superior. Dentre os países indicados na tabela, os do leste europeu possuem os montantes mais irrisórios. O maior valor está na Eslovênia (398 euros *per capita*), seguido, em ordem decrescente, por: Croácia, Eslováquia, Lituânia, Hungria, Polônia, República Checa, Bulgária, Romênia, Letônia e

Estônia. Nos países nórdicos, cujas prestações sem critérios de renda são as mais elevadas e mais universais, predomina a tendência de prestações assistenciais com valores medianos (entre 250 e 600 euros), na seguinte ordem decrescente: Dinamarca, Noruega, Finlândia e Suécia. Também os países do sul da Europa mantêm prestações assistenciais com valores medianos, embora suas prestações sem critérios de renda também não sejam elevadas, nesta sequência decrescente: Chipre, Malta, Itália, Portugal e Grécia.

Entre os países continentais e do norte europeu (excetuando os nórdicos), cujas prestações sem critério de renda são elevadas, também predominam as prestações assistenciais com os montantes mais elevados (entre 449,73 e 2.488,60 euros), quase todas acima da média da União Europeia (775,49 euros), nesta ordem: Irlanda, Islândia, Países Baixos, Alemanha, Reino Unido, França, Espanha, Áustria, Luxemburgo, Suíça e Bélgica, o que revela importante e crescente presença de prestações assistenciais mesmo nos países de tradição bismarckiana.

A tendência geral, portanto, é de crescimento das prestações assistenciais com critérios de renda em todos os países, e em especial nos históricos países em que predominavam os regimes de seguros sociais financiados por sistema de repartição e que introduziram regimes de capitalização, seguindo orientações do Banco Mundial, OCDE e Comissão Europeia. Está, portanto, ocorrendo uma mutação no Estado social dos países do capitalismo central, que vem sorrateiramente minando a proteção social vinculada aos direitos do trabalho e avançando na instauração de prestações assistenciais condicionadas a critérios de renda e, muitas vezes, submetidas a contrapartidas que justifiquem sua concessão. Elas não são negadas aos trabalhadores em condições de trabalhar, mas instauram mecanismos de condicionalidades e contrapartidas que reeditam a tensão entre trabalho e assistência sob a roupagem da chamada "ativação" da proteção social.

Sobre essa tendência, o Relatório sobre Desenvolvimento Humano do PNUD[38] sinaliza que "assistimos nas últimas décadas a uma

38. Cf. PNUD. Relatório Regional sobre Desenvolvimento Humano para a América Latina e o Caribe 2014, intitulado "Sustentar o Progresso Humano: Reduzir as Vulnerabilidades e

mudança global na política de despesas sociais, transferindo a tônica do desenvolvimento para a redução da pobreza. O resultado foi uma maior ênfase no direcionamento das despesas sociais mais a favor da população pobre do que de toda a população. Os serviços direcionados eram considerados mais eficientes, menos onerosos e mais eficazes para assegurar a redistribuição. No entanto, as evidências históricas apresentam uma imagem mais matizada da situação". Surpreendentemente, o Relatório passa a preconizar a universalização das políticas sociais, após décadas de crítica à proteção universal.

Essa foi uma tendência predominante em todas as economias capitalistas, sob orientação do Banco Mundial, e atingiu também os países da América Latina e Caribe, ainda que a situação e condição de trabalho, desemprego e desigualdade social nesse continente sejam incomparáveis em relação aos países do continente europeu.[39] A desigualdade estrutural que impera na América Latina e Caribe alimenta-se e se reproduz da forte concentração de renda e propriedade, baixos rendimentos, elevado índice de desemprego, informalidade e precarização das relações de trabalho e insuficiente ou inexistente acesso a serviços públicos, como educação, saúde e habitação, que caracterizam nosso capitalismo dependente. (Fernandes, 2009)

Ainda que os dados oficiais da Cepal apontem para uma redução do desemprego aberto[40] (10,4% em 2000; 7,3% em 2010 e 6,3% em 2013) na América Latina e Caribe (Cepal/Eclac, 2013, p. 56), se mantém praticamente inalterada a condição estrutural de desigualdade

Reforçar a Resiliência", p. 86. Disponível em: <http://www.pnud.org.br/arquivos/RDH2014pt.pdf>. Acesso em: 4 set. 2015.

39. Retomo aqui síntese de análise realizada no artigo "América Latina, política social e pobreza: 'novo' modelo de desenvolvimento?" (2012) com atualização dos dados citados. Infelizmente não dispomos de sistema detalhado de dados a exemplo do Eurostat. Para efeito de demonstração da tese sustentada aqui, recorre-se a dados disponibilizados pela Cepal.

40. Os dados se referem ao desemprego aberto adotado pelo IBGE e Cepal e indica as pessoas que, no período de referência da pesquisa, estavam disponíveis para trabalhar e procurando trabalho. Ou seja, não inclui a imensa parcela que está inserida em atividades precárias e/ou que desistiu de procurar emprego. Dados disponíveis no *Anuário Estatístico da América Latina e Caribe* (Cepal/Eclac) de 2013. Disponível em: <http://repositorio.cepal.org/bitstream/handle/11362/35864/S2013688_mu.pdf?sequence=1>. Acesso em: 5 set. 2015.

social,[41] determinada pela concentração da propriedade, dos rendimentos e forte precarização nas relações de trabalho (Pochmann, 2012; Salama, 1998; Antunes, 2006). A estrutura heterogênea do mercado de trabalho também é uma forte causa da desigualdade no acesso a empregos e rendimentos. Na composição do PIB, os setores de maior produtividade e maiores salários empregam números reduzidos de trabalhadores, enquanto os setores de menor produtividade e mais baixos salários são os que mais empregam. Os dados da Cepal revelam que essa é uma tendência geral na América Latina e Caribe. Os setores compostos por atividades de exportação de empresas de grande escala operativa geram 66,9% do PIB e somente 19,8% do emprego formal.[42] Já o estrato formado pelas pequenas e médias empresas (PME) gera 22,5% do PIB e é responsável por 30% do emprego, enquanto o estrato constituído, sobretudo, pelo chamado "setor informal" concentra metade do emprego (50,2%) e produz apenas 10,6% do PIB (Cepal, 2011a, p. 28). Essa situação mantém a maior parte dos trabalhadores com parcos rendimentos e com menos acesso a um emprego estável, com contrato de trabalho e, em decorrência, com menos acesso à proteção social contributiva, formada pelas aposentadorias, pensões, seguro-desemprego e seguro-saúde.[43]

A precarização e frágil regulação das relações de trabalho excluem do acesso à proteção social na América Latina e Caribe metade das famílias, que seguem sem nenhum tipo de filiação aos sistemas de seguridade social. O percentual de trabalhadores que não contribui para a seguridade social atinge mais da metade da população, já que somente 42,8% dos domicílios possuem um de seus membros filiados

---

41. Na classificação do IDH/PNUD, 2013 o Brasil ficou na 79ª colocação, atrás da Argentina (49ª posição), do Chile (41ª posição) e Uruguai (50ª posição). Cf. Relatório de Desenvolvimento Humano *Sustentando o progresso humano: redução da vulnerabilidade e construção da resiliência* (p. 170-171). Disponível em: <http://www.pnud.org.br/arquivos/RDH2014pt.pdf>. Acesso em: 5 set. 2015.

42. Para uma crítica marxista à lógica de setores formais e informais de trabalho, ver Tavares (2004).

43. No caso do Brasil, o sistema único de saúde é universal e não contributivo, à exceção do seguro-saúde, dependente de contribuição à seguridade social. Na maioria dos países da América Latina e Caribe, a saúde ainda é vinculada a uma contribuição salarial.

a um sistema de seguridade social (Cepal, 2011a, p. 35). A reduzida percentagem de filiação revela sua pior consequência no ínfimo contingente de trabalhadores que, ao chegar à velhice, passa a ter direito à uma prestação social previdenciária (proteção contributiva em toda América Latina e Caribe). Em 2009, de cada dez latino-americanos de 65 anos ou mais, apenas quatro (em torno de 40%), recebiam alguma aposentadoria ou pensão.

De acordo com o *Anuário Estatístico da Cepal* (2013, p. 11), no ano de 2013 ocorreu uma recuperação do crescimento da economia mundial e o crescimento do PIB na América Latina (2,5%) foi superior à média mundial (2,2%), embora menor que a observada em 2012 (2,9%). O produto por habitante, no entanto, aumentou apenas 1,5%, mantendo a tendência de desaceleração que vem se manifestando desde 2010. De acordo com esses dados (p. 11), os índices de pobreza e indigência em 2013 não se alteraram e correspondem a, respectivamente, 28,1% (pobreza) e 11,7% (indigência). Isso corresponde a 165 milhões de pessoas em situação de pobreza, dos quais 69 milhões em situação de indigência. Em relação à pobreza, os índices são os mesmos de 2012, enquanto os de indigência cresceram 0,4 ponto percentual em relação a 2012 (11,3%), o que corresponde a um aumento de 3 milhões de pessoas que passaram a viver em situação de indigência.[44]

Essa pequena redução nos índices de pobreza baseados somente em rendimentos tem relação direta com a ampliação de prestações sociais assistenciais — os chamados programas de renda condicionada ou não contributiva. Dentre treze países da América Latina e Caribe,[45] os dados da Cepal (2011b) mostram os percentuais de acesso a cada uma dessas formas de proteção social e, sobretudo, revelam o número de domicílios sem nenhum tipo de proteção: em 2009, 39% dos domicílios só contavam com proteção contributiva, 12% só com proteção

44. Para uma análise crítica sobre as diferentes abordagens da pobreza, consultar Siqueira (2014).

45. Este dado especificamente não inclui Bolívia, Brasil, Nicarágua, Peru e Venezuela porque, segundo a Cepal, "estes países não dispõem de suficiente informação sobre transferências assistenciais públicas nos domicílios para efetuar a construção de tipologia". Ver Cepal (2011b, p. 39, nota a).

não contributiva (programas assistenciais públicos de transferência de renda), 4% com proteção mista, 8% só com aposentadorias e pensões e 36% sem nenhum tipo de proteção social (Cepal, 2011b, p. 39).

Também na América Latina e Caribe verifica-se a tendência de ampliação da assistência social como estratégia para garantir o consumo e enfrentar a crise, ou, em termos mais precisos, para garantir a reprodução ampliada do capital. O chamado "pilar não contributivo" da proteção social cresceu aceleradamente, ao contrário da proteção contributiva, que se mantém estagnada, ou em queda. Em 2005, apenas seis países possuíam programas assistenciais de transferência de renda, enquanto em 2010, eles já estavam presentes em dezenove países da América Latina e Caribe. Em 2000, atingiam cerca de 6% da população, com investimentos de 0,19% do PIB e em 2010 atingiam 19,3% da população, com investimentos da ordem de 0,4% do PIB (dados de 2009 para o PIB). No final da década, em torno de 25 milhões de famílias (12 milhões no Brasil) e cerca de 113 milhões de pessoas sobreviviam apenas com os parcos recursos desses programas na América Latina e Caribe. Entre os países do Mercosul, o programa argentino atinge 8,3% das famílias, o programa brasileiro Bolsa Família abrange 26,4% (uma família em cada quatro), o programa paraguaio alcança 8,6% e o uruguaio chega a 11,6% das famílias.[46]

Outro conjunto de dados — a direção e montante do gasto social público[47] — também revela a priorização de investimento em programas de transferência de renda, embora se reconheça seus limitados efeitos sobre a redução da desigualdade estrutural. Também a Cepal (2014, p. 44) mostra que a média de gasto público social em percentagem do PIB nos países da América Latina e Caribe saltou de reduzidos 13,8% no início dos anos 1990, para alcançar 16,7% em 2006-2007

---

46. Cepal, Programas de transferências condicionadas. *Balance de la experiência reciente en América Latina y el Caribe* (2011b, p. 106-108). Disponível em: <http://www.eclac.org/cgi-bin/getProd.asp?xml=/publicaciones/xml/6/44126/P44126.xml&xsl=/dds/tpl/p9f.xsl&base=/tpl/top-bottom.xslt>. Acesso em: 13 mar. 2012.

47. A Cepal inclui no gasto social público a educação, saúde, seguridade e assistência (a Cepal designa previdência como seguridade e agrega os dados dessas duas políticas sociais, de modo que não se pode discriminar o que se refere a prestações contributivas e não contributivas).

e atingir 19,1% em 2012-2013. No período 2012-2013, os 21 países da América Latina e Caribe analisados pela Cepal destinaram algo em torno de U$ 685 bilhões de dólares à área social (a preços de 2005). Contudo, a partir de 2012 começa a ocorrer redução dos gastos sociais, conforme afirma a Cepal:

> No ano de 2012 começou a mostrar-se uma leve inflexão na tendência do gasto social, que havia registrado um crescimento de caráter sistemático tanto em termos absolutos como relativos. Esta variação da tendência dá lugar a um incremento cada vez menor do gasto público social, devido tanto a persistentes déficits fiscais, em que incorreram diversos governos para defrontar a crise financeira internacional, como às menores margens de arrecadação que se projetam pela desaceleração registrada no crescimento da maioria dos países, com contadas exceções, entre as quais se encontram vários países da América Central e do Caribe (idem, 2014, p. 45).

O crescimento indicado é bastante diferenciado entre países e entre as políticas sociais que compõem o que a Cepal designa como gasto social público. Em relação aos países, no período entre 2012-2013, somente 6 países investiram mais de 20% de seu PIB em políticas sociais em ordem decrescente: Cuba (40%), Brasil (28%), Argentina (27%), Uruguai (24%), Costa Rica (24%), Venezuela (22%). Os demais países ficaram entre 10 e 20% do PIB. Quanto à distribuição dos gastos sociais entre as políticas sociais, no período 2012-2013, a seguridade/previdência (contributiva) e assistência social (não contributiva) receberam o maior investimento, com 9,1% do PIB, e também apresentaram o maior crescimento de pontos percentuais no período entre 1990-1991 e 2012-2013, que corresponde a 2.8 p.p. A educação foi a segunda política social, com 5% do PIB e crescimento de 1.3 p.p. entre 1990-1991 e 2012-2013. A saúde fica em terceiro, com 4,2% do PIB no período 2012-1013 e crescimento de 1.0 p.p. entre 1990-1991 e 2012-2013. A habitação e outros gastos sociais têm uma ínfima participação de 0,8% do PIB, tendo crescido somente 0.2 p.p. no período 1990-1991 e 2012-2013 (Cepal, 2014, p. 47).

Em relação ao gasto social *per capita*, a Cepal (2014, p. 47) indica que a média nos países da América Latina e Caribe passou de U$ 585 em 1990-1991 para U$ 1.155 em 2012-2013. Estão acima dessa média os seguintes países em ordem decrescente: Cuba, Argentina, Trinidad e Tobago, Uruguai, Brasil, Chile, Venezuela e Costa Rica. A Cepal reconhece que, ainda que não tenha os dados sobre seguridade e assistência desagregados, ocorreu aumento de investimento em programas assistenciais em toda a América Latina e Caribe:

> Ainda que não se disponha de informação desagregada sobre o que corresponde à seguridade social frente à proteção social não contributiva, os antecedentes indicam que, principalmente na década de 2000, se ampliaram diversos programas de assistência social, em particular aqueles orientados à luta contra a pobreza, que incluem mecanismos de transferências diretas aos domicílios, de caráter condicionado ou não. Na Argentina, os recursos destinados à assistência social aumentaram quase 85% entre 2000 e 2007 (mesmo considerando a queda de cerca de 20% ocorrida em 2002); no Brasil (governo federal), esses recursos se triplicaram no mesmo período; no Chile, subiram apenas 5,5% (registraram-se quedas em 2003, 2004 e 2006); na Colômbia, entre 2004 e 2007, praticamente duplicaram-se, e na Costa Rica, cresceram mais de 75% desde 2002. Apesar dessa expansão, convém lembrar que, nesses e noutros países em que a informação desse tipo de rubricas está disponível, em 2007 o gasto público em assistência social representava entre 10% e 35% do agregado geral de seguridade e assistência social. (Cepal, 2014, p. 48)

O estudo da Cepal[48] já citado, que analisa especificamente os chamados programas de transferências condicionadas, registra que, apesar do enorme contingente de pessoas beneficiadas, o reduzido percentual de 0,4% do PIB aplicado em 2009 nos países da América Latina e Caribe demonstra seus ínfimos montantes. Trata-se, nitidamente,

48. Cepal. Programas de transferências condicionadas. Balance de la experiência reciente en América Latina y el Caribe, 2011b, p. 108. Disponível em: <http://www.eclac.org/cgi-bin/getProd.asp?xml=/publicaciones/xml/6/44126/P44126.xml&xsl=/dds/tpl/p9f.xsl&base=/tpl/top-bottom.xslt>. Acesso em: 5 set. 2015.

de um "pobre" programa, que "custa" pouco, não atinge a estrutura da desigualdade, mas possui forte impacto político. Esses programas de transferência condicionada seguem uma orientação geral do Banco Mundial e se espalharam em toda a América Latina e Caribe, como estratégia de combate à pobreza.[49] A Cepal mostra que, em termos de abrangência, este tipo de prestação assistencial atingia em média 5,7% da população em 19 países da América Latina e Caribe e chegou a 19,3% em 2010 (idem, 2011b, p. 106-108). Mas revela grandes diferenças entre os países: Equador (44,3%), Brasil (26,4%), Colômbia (25,2%), México (24,6%), Guatemala (22,6%), República Dominicana (21,2%), Bolívia (15,5%), Uruguai (11,6%), Jamaica (11,3%), Panamá (10,9%), Honduras (8,7%), Paraguai (8,6%), Argentina (8,3%), El Salvador (8,2%), Peru (7,6%), Chile (6,8%), Costa Rica (3,3%) e Trinidad e Tobago 92,4%). Apesar das diferenças entre os países, é evidente que as prestações assistenciais de transferência condicionada deixaram de assumir um perfil focalizado em populações específicas e passaram a se destinar mais diretamente à reprodução da classe trabalhadora sem trabalho, ou com trabalhos precarizados e reduzidos salários, já que os critérios para acesso são rigorosos e restritivos à população em situação de indigência. O elevado percentual de população abrangida indica a condição estrutural de pobreza e desigualdade nesses países, ao mesmo tempo em que revela a estratégia governamental em seu enfrentamento, assentada na focalização e mistificação da assistência como política capaz de enfrentar a pobreza e a desigualdade social.

Também os dados relativos às despesas reafirmam a tendência de avanço da assistência social no campo da proteção social, mas revelam o quão irrisórios são os investimentos dos países em percentagem do PIB, o que mostra que os montantes dessas prestações assistenciais se destinam ao limite da sobrevivência na reprodução da força de trabalho. O mesmo estudo da Cepal (2011b, p. 109) indica a participação desses programas no PIB em 2009 por ordem decrescente:

---

49. Vários estudos vêm se dedicando a analisar os Programas de Transferência Condicionada na América Latina e Caribe. Consultar Silva e Silva (2014); Stein (2013 e 2014).

Equador (1,17%), República Dominicana (0,51%), México (0,50%), Brasil (0,47%), Uruguai (0,45%), Jamaica (0,40%), Costa Rica (0,39%), Colômbia (0,39%), Paraguai (0,36%), Bolívia (0,33%), Guatemala (0,32%), Honduras (0,24%), Argentina (0,20%), Trinidad e Tobago (0,19%), Panamá (0,19%), Peru (0,14%), Chile (0,11%), El Salvador (0,02%).

Os programas de transferência condicionada, como são designados, apresentam características bem diferenciadas das prestações previdenciárias vinculadas ao trabalho e sem condições de recurso. São categoriais, quando destinados a determinadas categorias (idosos, pessoas com deficiência, jovens, crianças, mulheres etc.), ou focalizados em situações bem específicas, determinadas pela pobreza absoluta ou indigência. Nesse sentido, possuem um caráter de minimização da situação vivida pela classe trabalhadora e não de prevenção ou superação. São concedidos mediante diversas condicionalidades, além da comprovação da situação de miséria/pobreza: idade, deficiência, moradia, participação em atividades sociais ou comunitárias, disposição do beneficiário ou de sua família para trabalhar ou realizar atividades de inserção social ou qualificação profissional. Seus valores são reduzidos, em geral bem abaixo do valor do salário mínimo, de modo que não asseguram a satisfação das necessidades básicas e obrigam os trabalhadores a oferecer sua força de trabalho a não importa que tipo de atividade ou condição. Alguns são incorporados à renda familiar, criando um efeito perverso: se a soma da prestação social e de outras formas de benefícios sociais ultrapassar a renda *per capita* exigida, o beneficiário é excluído do programa. Nesses casos, acabam sendo uma armadilha da pobreza, pois impedem o beneficiário de melhorar seus rendimentos e condição de vida. Todos independem de prévia contribuição direta à seguridade social, o que os diferenciam dos seguros sociais e os caracterizam como prestações assistenciais. Raramente são inscritos na legislação como direito, permanecendo no registro de benefícios facilmente capturados pelo populismo e clientelismo políticos.

A expansão dessas prestações assistenciais (e também de outras formas de assistência social) assume a função econômica de reabilitar a atividade econômica, de tornar os "pobres" mais produtivos, de preservar sua energia física, de preservar as crianças e de evitar os impulsos ao uso da violência para satisfação das necessidades (Paugam e Duvoux, 2008; Duvoux, 2009). Ou, como sinaliza Mota (2008, p. 140), a capitalização da assistência social pelas classes dominantes como estratégia de enfrentamento da pauperização relativa contribui para ampliar o exército industrial de reserva no seio das classes trabalhadoras. Mesmo que se possa e se deva reconhecer que, contraditoriamente, a assistência social, e tais programas, possam ser assegurados como direito social, não se pode esquecer sua histórica função e potencialidade de manter a coesão, a integração e o controle social sobre uma parcela dos pobres, enquanto para outros prevalece a criminalização, repressão e punição (Wacquant, 2007).

Ora, o investimento em programas assistenciais pífios, focalizados e recheados de condicionalidades, aliado à manutenção do desemprego estrutural e ao não investimento em políticas universais é uma estratégia útil ao capitalismo para regular o mercado a baixo custo em contexto de crise estrutural. A tendência de ampliação da assistência social imperante tanto nos países do capitalismo central europeu como no capitalismo periférico da América Latina e Caribe se insere na determinação capitalista de garantir a reprodução da superpopulação relativa em todas as suas formas, como uma condição da acumulação. Nesse sentido, as transformações contemporâneas do Estado social, em suas diferentes formas e matizes nacionais, desmistificam a crença da social-democracia na possibilidade histórica de assegurar proteção universalizada pelo trabalho na sociabilidade capitalista.

A expansão da assistência social, sobretudo os programas de renda condicionada ou mínimos sociais, conforme terminologia institucional, que abrangem trabalhadores em condições de trabalhar, parece romper a velha dicotomia entre capazes e incapazes ao trabalho e superar a paradoxal dialética de atração e rejeição entre trabalho e assistência social aqui discutido. Trata-se, contudo, de um fenômeno aparente que esconde importantes contradições que reeditam a tensão entre trabalho e assistência e reforçam a primazia do trabalho a qualquer custo.

Em contexto de crise do capital, que provoca a desestruturação do trabalho e dos direitos, ocorre efetivamente uma perda de nitidez na separação clássica entre política de assistência social para os pobres incapacitados para uma atividade produtiva e políticas de trabalho e direitos daí derivados para os aptos ao trabalho. As transformações no Estado social apontam inegavelmente para um amalgamento entre assistência social e trabalho, já que as prestações assistenciais constituem hoje um importante instrumento capitalista de reprodução da superpopulação relativa em todas as formas. Mas essa combinação contemporânea não acontece sem tensão já que a assistência social destinada aos trabalhadores em condições de trabalhar é acompanhada de uma série de exigências e critérios que lembram a todo o tempo a imperiosidade do trabalho.[50]

Sobre essa relação contemporânea entre assistência social e trabalho, Castel (2012, p. 209) afirma que: "A oposição capazes/incapazes de trabalhar foi embaralhada a partir dos anos 1970 pela emergência e desenvolvimento de categorias da população que não trabalham, não porque não querem ou não podem, mas porque falta trabalho, em particular na forma que poderia absorvê-las." Mesmo os trabalhos precários e sem direitos são raros e está cada vez mais distante qualquer possibilidade de instituição e/ou retorno à sociedade salarial capitalista. Como ironiza o autor, "a busca do trabalho parece frequentemente a busca do Graal" (idem, p. 201).

A inevitável evidência de impossibilidade de estabelecimento de pleno emprego no capitalismo coloca a assistência social como âncora na extremidade da fronteira entre trabalho e não trabalho e se associa à tendência geral das políticas sociais de "ativar" os trabalhadores (e às vezes mesmo as pessoas com certas incapacidades/deficiências) a perseguir o caminho da busca de um trabalho cujo horizonte parece cada vez mais inacessível.

---

50. Uma das mais evidentes é o discurso de que a política de assistência social tem que criar "portas de saída". É o tipo de expressão e preocupação que só existe em relação às prestações assistenciais. A nenhuma outra política social é exigido que se busque "portas de saída".

As chamadas políticas de ativação para o trabalho, ou políticas de ativação da proteção social, expressam e concretizam essa contemporânea relação de atração e rejeição entre trabalho e assistência social. Para Purière (2008, p. 91), essas políticas traduzem-se em três grandes orientações: a primeira consiste em estabelecer subsídios fiscais e sociais para tornar o trabalho mais rentável ou lucrativo para as empresas; a segunda traduz-se na exigência de realização de atividades em contrapartida às prestações assistenciais e de seguro-desemprego; e a terceira limita o acesso aos direitos de modo a induzir a inserção em trabalhos precarizados e de baixo custo para os empregadores. O autor sinaliza que o termo "ativação" não é recente e ganha destaque desde meados da década de 1990, portanto, no contexto da crise com a recomendação da OCDE para criação de políticas de emprego ativas. Na esteira dessa orientação, a Comissão Europeia propõe aos países o "abandono das medidas passivas de apoio ao rendimento em prol de políticas proativas a fim de maximizar o desempenho das despesas orçamentárias existentes".[51]

O relatório de Barbier (2006) para o Ministério do Trabalho francês[52] a partir de pesquisa sobre as políticas de ativação na Europa sinaliza que "ativação" é um termo polissêmico, fluido e desprovido de precisão teórico-conceitual no âmbito das ciências sociais, mas é um termo politicamente carregado de sentido ideológico e normativo, que apresenta quase unanimidade entre os *experts* do *mainstream* econômico. Na literatura, diz o autor, a "ativação" é utilizada em cinco ângulos: 1) como processo e tendência geral de reestruturação dos sistemas de proteção social nos países ocidentais; 2) como um conjunto de representações e discursos novos sobre os sistemas de proteção social e mercado de trabalho; 3) como um programa de ação no quadro de uma determinada ideologia política; 4) como uma nova ética cidadã;

---

51. Cf. Comunicação da Comissão Europeia, de 1° de outubro de 1997, citada em Purière (2008, p. 91).

52. Cf. *Rapport de recherche pour la DARES*, Ministère du travail "Analyse comparative de l'activation de la protection sociale en France, Grande Bretagne, Allemagne et Danemark, dans le cadre des lignes directrices de la stratégie européenne pour l'emploi" (2006).

e 5) como um novo modo de governo (Barbier, 2006, p. 14). Concordando com Purière sobre o papel da OCDE e da União Europeia na recomendação ao uso de políticas de ativação, Barbier (2006) sinaliza, contudo, que essas políticas não são similares e que as especificidades nacionais, políticas e ideológicas atribuem formas diferenciadas e instituem mesmo "regimes polarizados" de ativação da proteção social. O Quadro 1 a seguir[53] sistematiza e diferencia as grandes orientações das políticas de ativação nas perspectivas liberal e social-democrata:

Quadro 1

Dois regimes polarizados de ativação da proteção social

	Características	Regime liberal	Regime social-democrata universalista
Coerência societal	Valores e normas gerais	Individualismo, independência das pessoas no mercado de trabalho (*self reliance*), assistência como *safety net*	As exigências da sociedade e dos indivíduos devem ser equilibradas, a sociedade tem o dever de fornecer os serviços individualizados a todos os cidadãos
	Normas justificadoras da ativação (mercado de trabalho e proteção social)	A incitação dos indivíduos ao trabalho é primordial para que eles não se aproveitem indevidamente da assistência e não se tornem dependentes *Approche* disciplinar	Instituir um sistema de incitação ao trabalho, de sanções, de serviços e de orientações para garantir contratos para os segurados e assistidos *Approche* negociação
	Sistema de relações profissionais e de direito do trabalho (flexibilidade do emprego)	Reduzido direito formal do trabalho, contratos descentralizados, nenhuma ou incipiente participação dos empregadores e trabalhadores na gestão da proteção social	Flexibilidade dos contratos de trabalho, corporativismo e papel ampliado dos empregadores e trabalhadores na gestão da proteção social (socialização elevada dos riscos)
	Regime de emprego e de atividade	Taxas de emprego elevadas, taxa de inatividade de certos grupos, ampliação de trabalho em tempo parcial, desigualdade de gênero, emprego público limitado	Taxas de atividade e de emprego muito elevadas, desigualdade de gênero reduzida, emprego público importante (Estado empregador em última instância)

53. Cf. tradução livre do quadro apresentado em Barbier (2006, p. 24-25). Foram mantidas as expressões em inglês do original.

Políticas de ativação	Tipos de políticas, programas e serviços	Políticas de assistência (*benefits*) conectados ao sistema fiscal (*tax de credits* e *in-work benefits*) Dispositivos pouco desenvolvidos e focalizados de políticas de emprego Estratégia de *welfare to work* (de assistência ao mercado de trabalho)	Políticas de garantia de serviços, de prestações de seguro social e de assistência Dispositivos amplos de políticas de emprego Estratégia de ativação universal (sociedade plenamente ativa)
	População alvo	Os pobres, os usuários da assistência social generalizada Os *working poor*	Os cidadãos Ausência de *working poor*
	Tipo de prestações	Prestações monetárias baixas (reduzida proporção do salário mínimo) e com duração limitada	Prestações sociais elevadas (proporção elevada do salário mínimo) e de longa duração
	Natureza dos direitos e obrigações	O beneficiário deve se submeter às exigências dos serviços sociais; implementação planejada e sistemática de sanções	Engajamento recíproco sobre base de um contrato: percurso individualizado de ações a longo prazo Sanções marginais negociadas
	Papel dos serviços públicos e do emprego e dos serviços sociais	Administração centralizada, administração pública e cooperação com o setor privado	Combinação de administrações públicas central e locais, contratos de usuários/empregadores, individualização e gama de serviços sociais e de emprego

O quadro revela que, apesar das diferenças entre a perspectiva liberal e a perspectiva social-democrata, ambas se rendem à desestruturação do trabalho como um elemento determinante da restauração capitalista em contexto de crise do capital, e buscam incitar a classe trabalhadora, com remédios mais ou menos amargos, a aceitar qualquer tipo de trabalho, o que assegura o processo de acumulação e a subsunção do trabalho ao capital, no âmbito da ofensiva burguesa em tempos de crise.

Os exemplos das perversas medidas de ativação para o trabalho nos países do capitalismo central são infindáveis: multiplicação de fórmulas de licenças para assalariados empregados, com redução do salário, como mecanismo para empregar maior número de pessoas;

estímulo a empregos "atípicos" em relação aos contratos de trabalho regulares (menor tempo, menos salário, menos direitos); restrição das condições de indenização e reforço à obrigação de participar nos dispositivos de ativação; introdução de exigências e contrapartidas (antes inexistentes) para as prestações de seguro-desemprego e de assistência social; aumento das restrições para acesso às prestações de seguro-desemprego e invalidez, como forma a forçar a permanência no emprego, ainda que de forma precarizada; forte redução dos valores das prestações sociais, para ficarem bem abaixo do menor salário; aumento na distância entre os valores das prestações assistenciais e os rendimentos do trabalho; favorecimento da permanência nos empregos de baixa remuneração para auxiliar no consumo e aquecer a economia; subvenção às empresas com a assunção total das cotizações de seguro-desemprego pelo governo; substituição de prestações de seguro-desemprego contributivas para desempregados de longa duração por programas de renda mínima assistencial; instituição de obrigatoriedade de trabalhar para os beneficiários dos programas de renda mínima nacional para os aptos ao trabalho, sob pena de perder o benefício; instituição de mecanismos de forte acompanhamento/controle personalizado dos beneficiários (Purière, 2008; Barbier, 2006; Barbier e Théret, 2009).

Muitas dessas medidas de ativação para o trabalho são velhas conhecidas das políticas sociais brasileiras, em especial da assistência social, previdência e trabalho. No âmbito das políticas de trabalho, concretizam-se nas exigências explícitas ou implícitas de qualificação profissional vinculadas ao seguro-desemprego e na redução do tempo e dos valores desse benefício para estimular o rápido retorno ao trabalho a qualquer custo. No âmbito da previdência social, realizam-se por meio de medidas que intencionam retardar o acesso aos direitos previdenciários como ampliação da idade mínima requerida para aposentadoria, indução de permanência no trabalho com "abonos permanência", redução dos valores dos benefícios ou estabelecimento de tetos que impulsionam a necessidade de manter-se "ativo" no trabalho, entre outros mecanismos perversos que se destinam a limitar o tempo de usufruto dos direitos. No âmbito da assistência social, traduzem-se nos reduzidos valores dos benefícios monetários, insuficientes para reprodução da vida, nas exigências às vezes vexatórias de condicionalidades e contrapartidas, na criação da uma cultura crítica aos direitos, transmutados em "ajuda" e que alimentam as famosas defesas de "portas de saída" dos benefícios, no estabelecimento de critérios burocráticos e restritivos que reduzem o escopo dos beneficiários, a exemplo do que ocorre nos processos de análise do BPC no INSS, quando o parecer do "perito médico" pode recusar a concessão sob o pretexto da "capacidade para o trabalho" dos "demandantes" (Flores, 2014).

O que se deseja demonstrar aqui é que a relação entre assistência social e trabalho é entranhada por uma tensão insolúvel na sociabilidade capitalista. Em contexto de agudização da crise do capital e de redução do "Estado social" univeral, a assistência social participa mais ativamente do processo de reprodução ampliada da força de trabalho, não mais na condição de política subsidiária nos regimes de proteção social, mas na condição de política central de garantia de um recurso monetário mínimo necessário ao consumo e à reprodução da força de trabalho. Em vez de processar ou provocar a universalização do acesso a bens e serviços públicos (Pereira, 1996), avoluma-se na prestação de benefícios assistenciais ínfimos enquanto reduzem-se os investimentos nas demais políticas sociais, sendo essa uma tendência inegável em todos os países do capitalismo central e periférico nesses tempos de crise.

A política social se traveste à imagem e semelhança do neoliberalismo e da ofensiva burguesa e descaracteriza os direitos, fruto da luta histórica da classe trabalhadora pela emancipação política. A redução do direito ao trabalho, a mercantilização de direitos e serviços e a expansão da assistência social colocam em risco a própria emancipação política e subjugam a classe trabalhadora às mais perversas formas de exploração e subsunção do trabalho ao capital.

Considerações finais

As questões abordadas neste livro situam-se na perspectiva de compreender a essência do Estado social capitalista na contemporaneidade, pelo ângulo da relação entre trabalho e assistência social. Esse caminho, evidentemente, não esgota o debate do Estado social, ao contrário, muitas de suas dimensões não foram aqui abordadas e permanecem como possibilidades para futuras investigações, a exemplo das particularidades do Estado social nos países de capitalismo dependente. Certamente, um mergulho nas condições de produção e reprodução do capital na periferia do capitalismo mundializado pode revelar tendências não capturadas ou apenas enunciadas pelo caminho aqui percorrido. Da mesma forma, agregar ao debate as configurações de outras políticas sociais (educação, saúde, habitação, entre outras) permanece um desafio para aprofundar a qualificação do Estado social capitalista.

O percurso intencionalmente escolhido teve um duplo sentido. Primeiro, de "acertar contas" com uma autocobrança de retomar e aprofundar o debate sobre assistência social e trabalho, ao qual não me dedicava mais diretamente desde meados dos anos 2000, mas que, literalmente, "batia insistentemente na minha porta", seja por demandas de palestras e debates, de leituras ou descobertas a partir de outras pesquisas em andamento. Segundo, porque sempre alimentei o interesse de analisar a assistência social com base em categorias teóricas determinantes da tradição marxista. Esse interesse cresceu à medida que fui conhecendo e aproximando-me cada vez mais dessa perspectiva teórico-metodológica.

Minhas primeiras incursões na assistência social, ainda como estudante de Serviço Social, eram cercadas por pensamentos críticos, mas situados no âmbito dos limites da cidadania burguesa. As primeiras referências teóricas sobre política social e assistência social com que tive contato no início da década de 1980, em contexto de ausência de liberdades democráticas, tinham como horizonte a luta pela democracia e o reconhecimento dos direitos sociais. Conforme sinalizei na apresentação, foi uma longa trajetória de leituras, pesquisas, debates e militância, que me impediu de ser capturada pelo "canto da sereia" da cidadania burguesa. Por isso, este livro tem o sentido de condensar as opções e posições teórico-metodológicas e políticas que fui construindo ao longo dos anos sobre a relação entre assistência social e trabalho na estruturação do Estado social capitalista. Para mim, ele é uma síntese, no mais preciso sentido marxiano do processo de tese-antítese-síntese.

Do ponto de vista metodológico, a relação entre assistência social, trabalho e seguros, no tempo presente, adquire sentido determinante, mas não exclusivo, na constituição do Estado social, porque sua unidade contraditória assegura a reprodução direta de trabalhadores e não trabalhadores por meio de prestações monetárias, enquanto as demais políticas sociais materializam predominantemente a prestação de serviços sociais. Contudo, embora seja evidente, vale reafirmar que todas as políticas sociais que constituem o Estado social capitalista participam do processo de reprodução das condições gerais de produção, por meio da socialização dos custos da produção. Essa ancoragem metodológica serviu de guia para situar a relação assistência social/trabalho em uma perspectiva de totalidade e como fenômeno contraditório, ou seja, buscou compreender seu processo de surgimento, desenvolvimento e configuração contemporânea, na intrínseca conexão entre história, economia e política.

Significa dizer, por um lado, que suas determinações estruturais — as condições gerais de produção — têm papel determinante na sua configuração em diferentes contextos sócio-históricos, daí a análise histórica resgatar as primeiras formas da relação assistência social/trabalho para mostrar suas transformações, mas também recorrências no momento presente. Nessa mesma perspectiva, as determinações políticas, aqui entendidas como expressões dos interesses e lutas de classe, são consideradas como fundamentais nos processos de conquistas e derrotas históricas da classe trabalhadora em sua luta pelos direitos sociais e políticos, que dão forma e conteúdo ao Estado social. Um Estado social que não perde sua essência capitalista, que em dado momento histórico incorporou reivindicações da classe trabalhadora, mas que hoje está submetido à hegemonia conservadora, que o restringe como campo de conquistas do trabalho, e o subjuga aos interesses gerais da acumulação.

O caminho percorrido intentou desmistificar a assistência social como política de enfrentamento da pobreza e da desigualdade social, conforme vem sendo amplamente defendida e assumida em todos os países capitalistas, tanto por governos de coloração liberal, como também social-democratas ou da chamada esquerda democrática. Por meio da demonstração de sua contraditória e insolúvel relação de atração e rejeição com o trabalho, as reflexões empreendidas tentaram revelar como, em contexto de crise do capital, a "rejeição" é minimizada ou matizada. Cada vez mais predomina, não por acaso, um polo de atração entre a proteção assistencial e o trabalho precarizado (ou ausência de trabalho), já que a assistência social permite ao capital reduzir os custos da força de trabalho. Ao assegurar minimamente a reprodução da superpopulação relativa, a assistência social participa das bases materiais para a sustentação do capital e fortalece os processos de expropriação social de direitos do trabalho e da previdência, criando condições para a superexploração do trabalho em todos os quadrantes do mundo. A conclusão inevitável é que a expansão das prestações assistenciais, no contexto de redução dos direitos derivados do trabalho, da previdência e da saúde nos países do capitalismo central e periférico, desvenda a funcionalidade das tendências contemporâneas do Estado social para a reprodução ampliada do capital.

Embora não se pretenda retomar o que já foi explicitado ao longo do texto, essa síntese conclusiva impõe reiterar o sentido contraditório do Estado social capitalista para a emancipação política. Essa forma de emancipação, ou seja, a conquista formal de direitos é a única possível nos marcos da sociabilidade capitalista, pois a emancipação humana pressupõe superar esse modo de produção, seus antagonismos de classe e a cidadania burguesa. A partir dessa premissa, os resultados da análise realizada permitem concluir que a relação contemporânea entre assistência social e trabalho coloca em risco a emancipação política conquistada nos marcos da luta pelos direitos do trabalho. Não se faz aqui nenhuma apologia ao trabalho assalariado capitalista, mas essa forma de relação social — trabalho com direitos — foi o que de mais avançado a classe trabalhadora conseguiu garantir nessa sociabilidade. Perder esses direitos, no contexto da ofensiva capitalista neoliberal que mercantiliza as mais elementares relações sociais, significa regredir em históricas conquistas da emancipação política.

Por isso, esse estudo se esforçou para romper o véu que encobre as mistificações da assistência social como estratégia de proteção social capaz de superar a pobreza ou reduzir a desigualdade social. Sua expansão acelerada como principal, e, às vezes, única estratégia de "proteção" aos trabalhadores sem trabalho encobre o retrocesso do Estado social, visto que se apresenta como uma "nova" forma de proteção social, capaz de assegurar um "universalismo básico" destinado a "proteger" a população pauperizada. O discurso dominante louva essas iniciativas como "compromisso" com os mais pobres e miseráveis, e cria a ilusão de que a proteção assistencial pode reduzir a superexploração do trabalho, ocultando o verdadeiro sentido do rebaixamento do Estado social para a acumulação e para a retração da emancipação política.

Por isso, a defesa dos direitos sociais relacionados ao trabalho, da seguridade social ampla, da universalização das políticas sociais, é uma luta política de defesa da emancipação política e se insere na luta de classes. A luta da classe trabalhadora para reduzir jornada de trabalho, aumentar salário e garantir melhores condições de vida é uma luta para impor limites ao capital. Não se tem nenhuma ilusão sobre os limites do Estado social na socialização da riqueza socialmente produzida e não se trata de conceber o Estado social como mecanismo de superação da desigualdade social, ou como possibilidade de redistribuição crescente da riqueza socialmente produzida. Essa é uma perspectiva típica do reformismo social democrata e conduz ao politicismo na análise da política social.

A defesa e ampliação dos direitos sociais vinculados ao trabalho e a luta pela universalização da seguridade social, nos marcos da sociabilidade capitalista, não aponta para nenhum tipo de entendimento de que o Estado social possa levar a uma "estatização do socialismo", conforme ironizado por Marx. O que se afirma aqui é o reconhecimento da centralidade do trabalho na produção e reprodução das relações sociais contemporâneas, o que significa contestar as teses do "fim do trabalho" e fazer "coro" com as análises que explicam a condição contemporânea do trabalho precarizado como resultado da reestruturação produtiva neoliberal. Todas as expressões de "crise do trabalho" constituem, efetivamente, uma ofensiva do capital às relações salariais fordistas-keynesianas, ou seja, a um determinado tipo de organização do trabalho com direitos no capitalismo.

Defender o trabalho com direitos, como campo de proteção à classe trabalhadora, tem o sentido de lutar pelo direito ao trabalho como direito ao emprego assalariado e, portanto, aos direitos inscritos nas relações salariais. Em outros termos, significa defender o assalariamento como forma social de organização do trabalho e dos rendimentos, o que, nos limites da sociabilidade capitalista, pode representar o que Artous (2010) designa como "socialização do salário". É uma forma de socialização no sentido de que parte do salário representado pelas contribuições sociais é destinada a garantir direitos comuns (aposentadorias, pensões, seguro-desemprego, seguro-saúde), desde que se mantenha o sistema público de financiamento por repartição, onde a cotização de todos é repartida (daí o sentido de socialização) entre aqueles que, por algum motivo, não estão em condições de trabalhar. Essa é a perspectiva de seguridade social universal defendida pelos(as) assistentes sociais na "Carta de Maceió",[54] em que o trabalho tem centralidade, mas a "seguridade Social não é vista como um fim, como um projeto em si, mas como via de ingresso, de entrada, ou de transição a um padrão de civilidade que começa pelo reconhecimento e garantia de direitos no capitalismo, mas que não se esgota nele" (Boschetti, 2004).

Por outro lado, o que se reafirma aqui é que as lutas sociais pelo trabalho com direitos e pela conquista e ampliação dos direitos sociais nos marcos da sociabilidade capitalista são fundamentais na consolidação da emancipação política. Não como etapa ou via de acesso para superar o modo de produção capitalista, mas como espaço de socialização da política, de democratização das relações sociais e econômicas e de apropriação de parcela do fundo público pela classe trabalhadora. O horizonte das lutas sociais, contudo, deve ser a conquista da emancipação humana, de uma sociabilidade que não se paute na mercantilização e na acumulação e onde os direitos e o trabalho não sejam subsumidos pelo capital.

---

54. A Carta de Maceió, intitulada "Seguridade social pública: é possível!" foi elaborada no XXIX Encontro Nacional CFESS/Cres, realizado em Maceió-AL, em setembro de 2000. Está disponível para consulta em: <http://www.cfess.org.br/arquivos/encontronacional_cartas_maceio.pdf>. Acesso em: 9 set. 2015.

Referências

ABRAHAMSON, Peter. O retorno das medidas de ativação na política de bem-estar dinamarquesa: Emprego e Proteção Social na Dinamarca. *SER Social*, Brasília, v. 11, n. 25, 2009, p. 244-273. Disponível em: <http://periodicos.unb.br/index.php/SER_Social/article/view/400>. Acesso em: 6 set. 2015.

ANTUNES, Ricardo. *A desertificação neoliberal no Brasil (Collor, FHC e Lula)*. Campinas: Autores Associados, 2004.

______ (Org.). *Riqueza e miséria do trabalho no Brasil*. São Paulo: Boitempo, 2006.

______. La sustancia de la crisis. *Herramienta*, n. 41, jul. 2009. Disponível em: <http://www.herramienta.com.ar/revista-impresa/revista-herramienta-n-41>. Acesso em: 16 fev. 2012.

ARTOUS, Antoine. *Démocratie, citoyenneté, émancipation*. Marx, Lefort, Balibar, Rancière, Rosanvallon, Negri... Paris: Éditions Syllepse, 2010.

AURELIANO, Liana; DRAIBE, Sônia. A especificidade do "Welfare State" brasileiro. In: MPAS/CEPAL. *Projeto A política social em tempo de crise*: articulação institucional e descentralização. Brasília, 1989. v. III.

BARBIER, Jean-Claude. Analyse comparative de l'activation de la protection sociale em France, Grande-Bretagne, Allemagne et Danemark. *Rapport de Recherche*, Centre d'Étude de l'Emploi, Paris, 2006. Disponível em: <http://www.ceerecherche.fr/fr/rapports/protection_sociale_france_grande_bretagne_allemagne_danemark_31.pdf>. Acesso em: 4 ago. 2016.

______; THËRET, Bruno. *Le système français de protection sociale*. 2. ed. Paris: La Découverte, 2009.

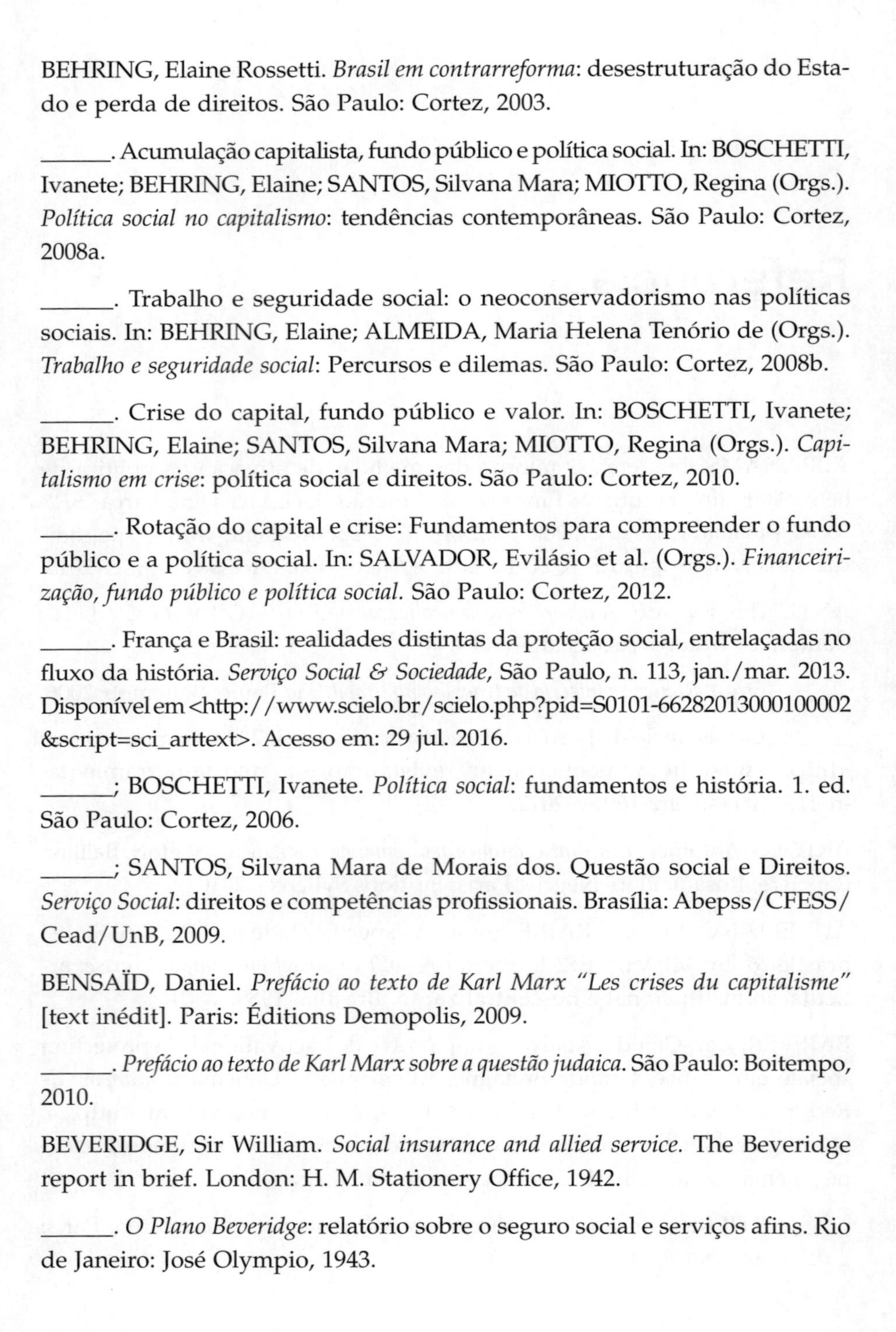

BEHRING, Elaine Rossetti. *Brasil em contrarreforma*: desestruturação do Estado e perda de direitos. São Paulo: Cortez, 2003.

______. Acumulação capitalista, fundo público e política social. In: BOSCHETTI, Ivanete; BEHRING, Elaine; SANTOS, Silvana Mara; MIOTTO, Regina (Orgs.). *Política social no capitalismo*: tendências contemporâneas. São Paulo: Cortez, 2008a.

______. Trabalho e seguridade social: o neoconservadorismo nas políticas sociais. In: BEHRING, Elaine; ALMEIDA, Maria Helena Tenório de (Orgs.). *Trabalho e seguridade social*: Percursos e dilemas. São Paulo: Cortez, 2008b.

______. Crise do capital, fundo público e valor. In: BOSCHETTI, Ivanete; BEHRING, Elaine; SANTOS, Silvana Mara; MIOTTO, Regina (Orgs.). *Capitalismo em crise*: política social e direitos. São Paulo: Cortez, 2010.

______. Rotação do capital e crise: Fundamentos para compreender o fundo público e a política social. In: SALVADOR, Evilásio et al. (Orgs.). *Financeirização, fundo público e política social*. São Paulo: Cortez, 2012.

______. França e Brasil: realidades distintas da proteção social, entrelaçadas no fluxo da história. *Serviço Social & Sociedade*, São Paulo, n. 113, jan./mar. 2013. Disponível em <http://www.scielo.br/scielo.php?pid=S0101-66282013000100002&script=sci_arttext>. Acesso em: 29 jul. 2016.

______; BOSCHETTI, Ivanete. *Política social*: fundamentos e história. 1. ed. São Paulo: Cortez, 2006.

______; SANTOS, Silvana Mara de Morais dos. Questão social e Direitos. *Serviço Social*: direitos e competências profissionais. Brasília: Abepss/CFESS/Cead/UnB, 2009.

BENSAÏD, Daniel. *Prefácio ao texto de Karl Marx "Les crises du capitalisme"* [text inédit]. Paris: Éditions Demopolis, 2009.

______. *Prefácio ao texto de Karl Marx sobre a questão judaica*. São Paulo: Boitempo, 2010.

BEVERIDGE, Sir William. *Social insurance and allied service*. The Beveridge report in brief. London: H. M. Stationery Office, 1942.

______. *O Plano Beveridge*: relatório sobre o seguro social e serviços afins. Rio de Janeiro: José Olympio, 1943.

BICHOT, Jacques. CSG: la solidarité professionnelle se meurt, vive la solidarité nationale! *Revue Droit Social*, Paris, n. 1, jan. 1991.

BOSCHETTI, Ivanete. Previdência e assistência: uma unidade de contrários na Seguridade Social. *Universidade e Sociedade*, Brasília, Andes, n. 22, nov. 2000.

______. *Assistência social no Brasil*: um direito entre originalidade e conservadorismo. Brasília: GESST/SER/UnB, 2003a.

______. Implicações da Reforma da Previdência Social na Seguridade Social Brasileira. *Psicologia e Sociedade*, São Paulo, Abrapso, v. 15, n. 1, 2003b.

______. Seguridade Social e Projeto Ético-Político do Serviço Social: que direitos para qual cidadania? *Serviço Social & Sociedade*, São Paulo, v. 79, p. 108-132, 2004.

______. *Seguridade social e trabalho*: paradoxos na construção das políticas de previdência e assistência social. Brasília: Ed. da UnB/Letras Livres, 2006.

______. Seguridade Social na América Latina. In: BOSCHETTI, Ivanete; BEHRING, Elaine; SANTOS, Silvana Mara; MIOTTO, Regina (Orgs.). *Política social no capitalismo*: tendências contemporâneas. São Paulo: Cortez, 2008.

______. Os custos da crise para a política social. In: BOSCHETTI, Ivanete; BEHRING, Elaine; SANTOS, Silvana Mara; MIOTTO, Regina (Orgs.). *Capitalismo em crise*: política social e direitos. São Paulo: Cortez, 2010.

______. América Latina, política social e pobreza: novo modelo de desenvolvimento? In: SALVADOR, Evilásio; BEHRING, Elaine; BOSCHETTI, Ivanete; GRANEMANN, Sara (Orgs.). *Financeirização, fundo público e política social*. São Paulo: Cortez, 2012b.

______. A insidiosa corrosão dos sistemas de proteção social europeus. *Serviço Social & Sociedade*, São Paulo, n. 112, out./dez. 2012a. Disponível em: <http://www.scielo.br/pdf/sssoc/n112/08.pdf>. Acesso em: 27 ago. 2015.

CASTEL, Robert. *Les métamorphoses de la question sociale*: une chronique du salariat. Paris: Fayard, 1995.

______. *As metamorfoses da questão social*: uma crônica do salário. Petrópolis: Vozes, 1998.

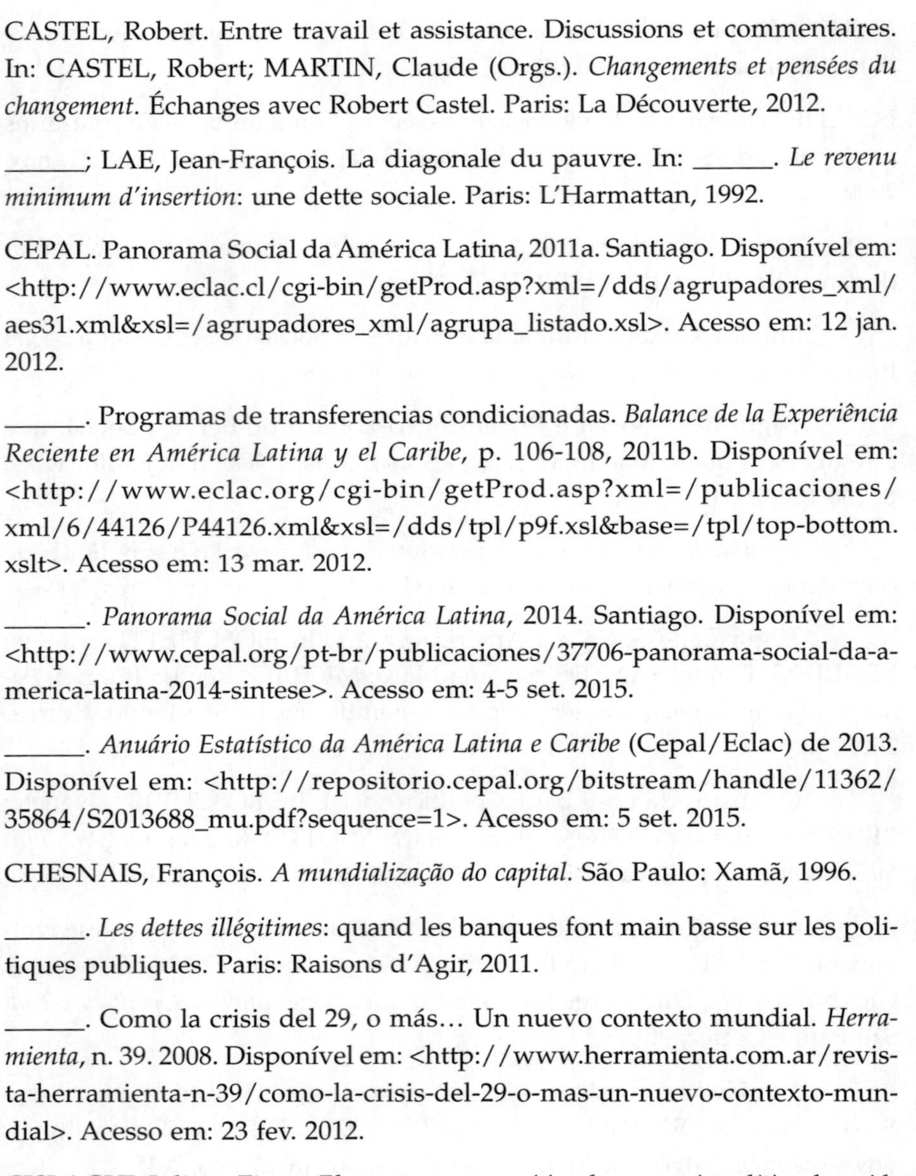

CASTEL, Robert. Entre travail et assistance. Discussions et commentaires. In: CASTEL, Robert; MARTIN, Claude (Orgs.). *Changements et pensées du changement*. Échanges avec Robert Castel. Paris: La Découverte, 2012.

______; LAE, Jean-François. La diagonale du pauvre. In: ______. *Le revenu minimum d'insertion*: une dette sociale. Paris: L'Harmattan, 1992.

CEPAL. Panorama Social da América Latina, 2011a. Santiago. Disponível em: <http://www.eclac.cl/cgi-bin/getProd.asp?xml=/dds/agrupadores_xml/aes31.xml&xsl=/agrupadores_xml/agrupa_listado.xsl>. Acesso em: 12 jan. 2012.

______. Programas de transferencias condicionadas. *Balance de la Experiência Reciente en América Latina y el Caribe*, p. 106-108, 2011b. Disponível em: <http://www.eclac.org/cgi-bin/getProd.asp?xml=/publicaciones/xml/6/44126/P44126.xml&xsl=/dds/tpl/p9f.xsl&base=/tpl/top-bottom.xslt>. Acesso em: 13 mar. 2012.

______. *Panorama Social da América Latina*, 2014. Santiago. Disponível em: <http://www.cepal.org/pt-br/publicaciones/37706-panorama-social-da-america-latina-2014-sintese>. Acesso em: 4-5 set. 2015.

______. *Anuário Estatístico da América Latina e Caribe* (Cepal/Eclac) de 2013. Disponível em: <http://repositorio.cepal.org/bitstream/handle/11362/35864/S2013688_mu.pdf?sequence=1>. Acesso em: 5 set. 2015.

CHESNAIS, François. *A mundialização do capital*. São Paulo: Xamã, 1996.

______. *Les dettes illégitimes*: quand les banques font main basse sur les politiques publiques. Paris: Raisons d'Agir, 2011.

______. Como la crisis del 29, o más... Un nuevo contexto mundial. *Herramienta*, n. 39. 2008. Disponível em: <http://www.herramienta.com.ar/revista-herramienta-n-39/como-la-crisis-del-29-o-mas-un-nuevo-contexto-mundial>. Acesso em: 23 fev. 2012.

CISLAGHI, Juliana Fiuza. *Elementos para a crítica da economia política da saúde no Brasil*: parcerias público-privadas e valorização do capital. Tese (Doutorado em Serviço Social) — Faculdade de Serviço Social, Programa de Pós-graduação em Servico Social. Universidade Estadual do Rio de Janeiro, Rio de Janeiro, 2015.

COHEN, Débora; GUILHAUMOU, Jacques. Crises et révoltes sociales dans l'historiographie de la France contemporaine. *Actuel Marx*, n. 47, p. 43-53, 2010/1.

COHU, Sylvie; LEQUET-SLAMA, Diane. Les systems de santé du sud de l'Europe: des reformes axées sur la décentralisation. *Études et Résultats*, DREES/Ministère de l'Emplois, de la Cohésion Sociale et du Logement, Paris, n. 475, 2006.

COUTINHO, Carlos Nelson. *Contra a corrente*. Ensaios sobre democracia e socialismo. 2. ed. São Paulo: Cortez, 2008.

COVRE, Maria de Lordes Manzini. *O que é cidadania*. 3. ed. São Paulo: Brasiliense [1995, 9. reimpr.], 2001. (Col. Primeiros Passos.)

DAMON, Julien. *Les politiques familiales*. Paris: PUF, 2008.

DAUNE-RICHARD, Anne-Marie; NYBERG, Anita. Entre travail et famille: à propôs de l'évolution du modele Suèdois. *Revue Française des Affaires Sociales*, n. 4, p. 515-527, 2003/4.

DELETANG, Nicole. Les régimes de protection sociale de trois pays nordiques: Danemark, Finlinde, Suède. *Revue Française des Affaires Sociales*, n. 4, p. 529-543, 2003/4.

DIXON, John. Sistemas de seguridade social na América Latina: uma avaliação ordinal. *Opinião Pública*, Campinas, v. VI, n. 2, p. 263-281, 2000.

DONZELOT, Jacques. *L'Invention du social*. Essai sur le déclin des passions politiques. 2. ed. Paris: Éditions du Seuil, 1994.

DORION, Georges; GUIONNET, André. *La sécurité sociale*. 8. ed. Paris: PUF, 2004.

DRAIBE, Sônia Miriam. Políticas sociais brasileiras: diagnósticos e perspectivas. In: ______. *Para a década de 90*: prioridades e perspectivas de políticas públicas. Brasília: Ipea/Iplan, mar. 1990. (Políticas Sociais e Organização do Trabalho, v. 4.)

DUFOURCQ, Nicolas. Sécurité sociale: le mythe de l'assurance. *Revue Droit Social*, Paris, n. 3, mar. 1994.

DUMONT, Jean-Pierre. *Les systèmes de protection sociale en Europe*. 3. ed. Paris: Economica, 1995.

DUPUIS, Jean-Marc. *Le financement de la protection sociale*. 2. ed. Paris: PUF, 1994. (Col. Que Sais-Je?)

DUVAL, Julien. *Le mythe du "trou de la Sécu"*. Paris: Éditions Raisons d'Agir, 2008.

DUVOUX, Nicolas. *L'Autonomie des assistés*. Paris: PUF, 2009.

ESPING-ANDERSEN, Gosta. As três economias políticas do *Welfare State*. *Lua Nova*, São Paulo, Cedec, n. 24, set. 1991.

______. *Les trois mondes de l'État providence*. Essai sur le capitalisme moderne. Paris: PUF, 1999. (Col. Le Lien Social.)

______. Prologue: what does it mean to break with Bismarck? In: PALIER, Bruno (Org.). *A long good bye to Bismarck?* The politics of Welfare Reforms in Continental Europe. Amsterdam: Amsterdam University Press, 2010.

EWALD, François. *L'État providence*. Paris: Grasset, 1986.

______. *Histoire de l'État providence*. Paris: Grasset, 1996.

FERNANDES, Florestan. *Capitalismo dependente e classes sociais na América Latina*. 4. ed. São Paulo: Global Editora, 2009.

FILGUEIRA, Fernando. *El nuevo modelo de prestaciones sociales en América Latina*. Eficiencia, residualismo y ciudadanía estratificada. Guadalajara, 1997. Disponível em: <http://www.inau.gub.uy/biblioteca/mofi.pdf>. Acesso em: 28 mar. 2015.

______. Cohesión, riesgo y arquitectura de protección social en América Latina. Santiago: Cepal/Nações Unidas, 2007. (Série políticas Sociales.)

FLORA, P.; HEIDENHEIMER, A. The development of Welfare State in Europe and in America. New Brunswig: Transaction Books, 1981.

FLORES, Taís Leite. *Conceito de deficiência na materialização do acesso ao BPC*: impactos na proteção e na relação assistência social e trabalho. Dissertação (Mestrado em Política Social) — Programa de Pós-graduação em Política Social, Universidade de Brasília, Brasília, 2014.

FONTES, Virgínia. *O Brasil e o capital imperialismo*: teoria e história. Rio de Janeiro: Ed. da UFRJ, 2010.

GILLES, Christel; LELIÈVRE, Michèle. Crises des années quatre-vingt-dix, ajustements budgétaires et dépenses sociales dans les pays nordiques de l'Union Européenne. *Revue Française des Affaires Sociales*, n. 4, p. 17-45, 2003/4.

GOUGH, Ian. *Economia política del Estado del bienestar*. Trad. de Gregorio Rodriguez Cabrero. Madrid: H. Blume Ediciones, 1982.

GRAMSCI, Antonio. Americanismo e fordismo. In: ______. *Cadernos do cárcere*. Trad. de Carlos Nelson Coutinho e Luiz Sérgio Henriques. Rio de Janeiro: Civilização Brasileira, 2001. v. 4.

GRASSI, Estela. *Políticas y problemas en la sociedad neoliberal*: la otra década infame (I). Buenos Aires: Espacio Editorial, 2003.

______. *Política y cultura en la sociedad neoliberal*: la otra década infame (II). Buenos Aires: Espacio Editorial, 2004.

GRANEMANN, Sara. *Para uma interpretação marxista da previdência privada.* Tese (Doutorado em Serviço Social) — Escola de Serviço Social, Universidade Federal do Rio de Janeiro, Rio de Janeiro, 2006. Disponível em: <https://sites.google.com/site/secretariappgss/banco-de-teses-e-dissertacoes-do-ppgss>. Acesso em: 3 set. 2015.

______. Fundos de pensão e a metamorfose do "salario em capital". In: SALVADOR, Evilásio; BEHRING, Elaine; BOSCHETTI, Ivanete; GRANEMANN, Sara (Orgs.). *Financeirização, fundo público e política social.* São Paulo: Cortez, 2012.

HARVEY, David. *Condição pós-moderna*: uma pesquisa sobre as origens da mudança cultural. São Paulo: Loyola, 1993.

______. *O novo imperialismo.* São Paulo: Loyola, 2004.

HATZFELD, Henri. *Du paupérisme à la sécurité sociale*: 1850-1940. Nancy: Presses Universitaires de Nancy, 1989.

IAMAMOTO, Marilda V. *Serviço Social em tempo do capital fetiche.* São Paulo: Cortez, 2008.

JOHNSON, Norman. *El Estado de bienestar en transición*: La teoria y la práctica del pluralimo de bienestar. Madrid: Ministerio de Trabajo y Seguridad Social, 1990.

KEYNES, John Maynard. *A teoria geral do emprego, do juro e da moeda*. Trad. de Mário R. da Cruz. São Paulo: Nova Cultural, 1988. (Col. Os Economistas.)

LESEMANN, Frédéric. *La politique sociale américaine*. Paris: Syros/Alternatives, 1988.

KOTT, Sandrine. *L'État social Allemand*. Représentations et pratiques. Paris: Belin, 1995.

LAROQUE, Michel. Le revenu minimum d'insertion, droit révolutionnaire et prestation sociale d'un nouveau type. *Revue Droit Social*, Paris, n. 7/8, jul./ago. 1989.

LENGLET, François. *La crise des années 30 est devant nous*. Paris: Ed. Perrin, 2008.

LORDON, Frédéric. *Jusqu' à quand?* Pour em finir avec les crises financières. Paris: Raisons d'Agir, 2008.

LUXEMBURGO, Rosa. *Reforma, revisionismo e oportunismo*. Rio de Janeiro: Civilização Brasileira, 1975.

MANDEL, Ernest. *O capitalismo tardio*. São Paulo: Nova Cultural, 1982.

______. *A crise do capital*. São Paulo/Campinas: Ensaio/Unicamp, 1990.

MARANHÃO, Cézar. Acumulação, trabalho e superexploração: crítica ao conceito de exclusão social. In: MOTA, Ana Elizabete (Org.). *O mito da assistência social*: ensaios sobre Estado, política e sociedade. 3. ed. São Paulo: Cortez, 2008. p. 93-132.

MARQUES, Rosa Maria. *A proteção social e o mundo do trabalho*. São Paulo: Bienal, 1997.

MARSHALL, Thomas Humprey. *Política social*. Rio de Janeiro: Zahar Editores, 1967a.

______. *Cidadania, classe social e status*. Rio de Janeiro: Zahar, 1967b.

MARX, Karl. *O capital*. "A Jornada de Trabalho". 11. ed. São Paulo: Bertrand Brasil, 1987. Livro 1, v. I, cap. VIII.

______. Introdução à crítica da economia política. In: ______. *Contribuição à crítica da economia política*. São Paulo: Martins Fontes, 1983. (Col. Os Pensadores.)

MARX, Karl. *O capital*. Assim chamada acumulação primitiva. São Paulo: Ed. Victor Civita, 1984. Livro I, t. 2, v. 1, cap. XXIV. (Col. Os Economistas.)

______. *Les crises du capitalisme*. Preface de Daniel Bensaïd [text inédit]. Paris: Éditions Demopolis, 2009.

______. *Sobre a questão judaica*. Inclui as cartas de Marx a Ruge publicadas nos *Anais Franco-Alemães*. Prefácio: Daniel Bensaïd. São Paulo: Boitempo, 2010.

______. *Crítica ao Programa de Gotha*. Prefácio à edição brasileira de Michael Löwy. São Paulo: Boitempo, 2012.

MATOS, Maria do Perpétuo Socorro Albuquerque. *Determinantes da baixa valorização da atenção primária no âmbito do Sistema Único de Saúde*. Tese (Doutorado em Política Social) — Programa de Pós-graduação em Política Social, Universidade de Brasília, Brasília, 2013. Disponível em: <http://repositorio.unb.br/handle/10482/14776>. Acesso em: 11 ago. 2015.

MENY, Yves; THOENIG, Jean-Claude. *Politiques publiques*. Paris: PUF, 1989.

MERRIEN, François-Xavier *et al* (Orgs.). *L'État social*. Une perspective internationale. Paris: Armand Colin, 2005.

MESA-LAGO, Carmelo. Las reformas de las pensiones en América Latina y la posición de los organismos internacionales. *Revista de la Cepal*, Santiago de Chile, n. 60, 1996.

______. A reforma estrutural dos benefícios da seguridade social na América Latina: modelos, características, resultados e lições. In: COELHO, Vera (Org.). *A reforma da previdência social na América Latina*. Rio de Janeiro: FGV, 2003.

MÉSZÁROS, István. *A crise estrutural do capital*. Rio de Janeiro: Boitempo, 2009.

MIOTO, Regina Célia Tamaso (Org.). *Familismo, direitos e cidadania*: contradições da política social. São Paulo: Cortez, 2014.

MISHRA, Ramesh. *O Estado-providência na sociedade capitalista*. Trad. de Ana Barradas. Oeiras: Celta Editora, 1995.

MOLLAT, Michel. *Les pauvres au Moyen Age*. Paris: Éditions Complexes/Hachette, 1978.

MOTA, Ana Elizabete. *Cultura da crise e seguridade social*: um estudo sobre as tendências da previdência e da assistência social brasileira nos anos 80 e 90. São Paulo: Cortez, 1995.

______. Questão Social e Serviço Social: um debate necessário. In: MOTA, Ana Elizabete (Org.). *O mito da assistência social*: ensaios sobre Estado, política e sociedade. 3. ed. São Paulo: Cortez, 2008a. p. 21-57.

______. A centralidade da assistência social na seguridade social brasileira nos anos 2000. In: ______ (Org.). O Mito da Assistência Social: ensaios sobre Estado, política e sociedade. 3. ed. São Paulo: Cortez, 2008b. p. 133-146.

______; AMARAL, Ângela; PERUZZO, Juliane. O novo desenvolvimentismo e as políticas sociais na América Latina. In: ______ (Org.). *Desenvolvimentismo e construção de hegemonia.* Crescimento econômico e reprodução da desigualdade. São Paulo: Cortez, 2012.

MURAD, Numa. *La Protection Sociale.* 2. ed. Paris: Ed. La Découverte, 1993.

NETTO, José Paulo. Cinco notas a propósito da "questão social". *Temporalis*, Rio de Janeiro, Abepss, ano II, n. 3, p. 41-50, jan./jun. 2001.

______. Introdução ao método na teoria social. *Serviço Social*: Direitos sociais e competências profissionais. Brasília, CFESS, Abepss, 2009.

NETTO, José Paulo; BRAZ, Marcelo. *Economia política*: uma introdução crítica. São Paulo: Cortez, 2006.

OLIVEIRA, Francisco de. *Os direitos do antivalor*: a economia política da hegemonia imperfeita. Petrópolis: Vozes, 1998.

OBSERVATOIRE NATIONAL DE LA PAUVRETÉ ET DE L'EXCLUSION SOCIAL (ONPES). Crise économique, marché du travail et pauvreté. *Rapport 2011-2012*, Paris, 2012. Disponível em: <http://www.onpes.gouv.fr/>. Acesso em: 19 ago. 2015.

PALIER, Bruno. *Les evolutions de la protection sociale en Europe.* Contraintes institutionnelles, evolutions d'ensemble, stratégies politiques. Paris: Fondation Jean-Jaurès, 2005.

______. La réforme des systèmes de retraite: les éxperiences européenes. *Regards sur l'Actualité*, Paris, La Documentation Française, n. 361, 2010a.

______. Les caractéristiques de l'État-providence en France: son organisation, sés évolutions au gré dês reformes. *Cahiers Français*: la protection sociale:

quels débats? Quelles réformes? Paris, La Documentation Française, n. 358, 2010b.

______. *La réforme des retraites*. 3. ed. Paris: PUF, 2010c.

______. *A long good bye to Bismarck?* The politics of Welfare reforms in Continental Europe. Amsterdam: Amsterdam University Press, 2010d.

______. *La réforme des systèmes de santé*. Paris: PUF, 2010e.

______; BONOLI, Giuliano. Entre Bismarck et Beveridge. *Revue Française de Sciences Politiques*, Paris, Presses de Sciences Politiques, v. 45, n. 4, ago. 1995.

PAUGAM, Serge; DUVOUX, Nicolas. *La regulation des pauvres*. Du RMI au RSA. Paris: PUF, 2008.

PEREIRA, Camila Potyara. *Proteção social no capitalismo*: contribuições à crítica de matrizes teóricas e ideológicas conflitantes. Tese (Doutorado em Política Social) — Programa de Pós-Graduação em Política Social, Universidade de Brasília, Brasília, 2013. Disponível em: <http://repositorio.unb.br/handle/10482/15153>. Acesso em: 18 jun. 2015.

PEREIRA-PEREIRA, Potyara A. P. *Necessidades humanas*: subsídios à crítica dos mínimos sociais. São Paulo: Cortez, 2000.

______. *Assistência social na perspectiva dos direitos*: crítica aos padrões dominantes de proteção aos pobres no Brasil. Brasília: Ed. Thesaurus, 1996.

______. A política social no contexto da seguridade social e do *Welfare State*: a particularidade da assistência social. *Serviço Social & Sociedade*, São Paulo, n. 56, mar. 1998.

PIERSON, Christopher Pierson. Origins and development of the Welfare State. In: ______. *Beyond the Welfare State?* Cambridge: Cambridge Polity Press, 1991.

______. Origens e desenvolvimento do Welfare State: 1880-1975. In: ______. *Beyond the Welfare State*. Cambridge: Cambridge Polity Press, 1991. [Resumo preparado e traduzido por Potyara Pereira Pereira.]

PNUD. Relatório Regional sobre Desenvolvimento Humano para a América Latina e o Caribe 2014, intitulado *Sustentar o Progresso Hmano*: Reduzir as vulnerabilidades e reforçar a resiliência. Disponível em: <http://www.pnud.org.br/arquivos/RDH2014pt.pdf>. Acesso em: 4 set. 2015.

POCHMANN, Márcio. *Nova classe média?* O trabalho na base da pirâmide social brasileira. São Paulo: Boitempo, 2012.

POLANYI, Karl. *A grande transformação*: as origens da nossa época. Rio de Janeiro: Campus, 1980.

PURIÈRE, Aurélien. *Assistance sociale et contrepartie.* Actualité d'um débat ancien. Paris: L'Harmattan, 2008.

RENARD, Didier. Intervention de l'État e genèse de la protection sociale en France (1880-1940): génealogies de l'État-providence. *Revue Lien Sociale et Politique*, Université de Montréal, 1995.

RENAULT, Emmanuel; TINEL, Bruno. Les Crises du néoliberalisme: processus de revoltes et adaptation. *Actuel Marx*, Paris, n. 47, p. 100-117, 2010/1.

ROSANVALLON, Pierre. *La crise de l'État providence.* Paris: Éditions du Seuil, 1981.

______. *La nouvelle question sociale, repenser l'État providence.* Paris: Éditions du Seuil, 1995.

SALAMA, Pierre. *Pobreza e exploração do trabalho na América Latina.* São Paulo: Boitempo, 1998.

SALVADOR, Evilásio. Crise do Capital e o socorro do fundo público. In: BOSCHETTI, Ivanete; BEHRING, Elaine; SANTOS, Silvana Mara; MIOTTO, Regina (Orgs.). *Capitalismo em crise*: política social e direitos. São Paulo: Cortez, 2010a.

______. *Fundo público e seguridade social no Brasil.* São Paulo: Cortez, 2010b.

SALVADOR, Evilásio; BOSCHETTI, Ivanete. A reforma da Previdência Social e os impactos no mercado de trabalho. *Serviço Social & Sociedade*, São Paulo, n. 70, 2002.

SANTOS, Josiane Soares. *Questão social*: particularidades no Brasil. São Paulo: Cortez, 2012. (Col. Biblioteca Básica de Serviço Social.)

SANTOS, Silvana Mara de Morais dos. Direitos, desigualdade e diversidade. In: ______; BOSCHETTI, Ivanete; BEHRING, Elaine; MIOTTO, Regina (Orgs.). *Política social no capitalismo*: tendências contemporâneas. São Paulo: Cortez, 2008a.

SANTOS, Silvana Mara de Morais dos. Política Social e diversidade humana: Crítica à noção de igualdade de oportunidade. In: ______; BOSCHETTI, Ivanete; BEHRING, Elaine; MIOTTO, Regina (Orgs.). *Capitalismo em crise*: política social e direitos. São Paulo: Cortez, 2010.

SILVA, Maria Lucia Lopes da Silva. *Previdência Social no Brasil*: (des)estruturação do trabalho e condições para sua universalização. São Paulo: Cortez, 2012.

SILVA E SILVA, Maria Ozanira (Org.). *Os programas de transferência de renda na América Latina e Caribe*. São Paulo: Cortez, 2014.

SIQUEIRA, Luana. *Pobreza e Serviço Social*: diferentes concepções e compromissos políticos. São Paulo: Cortez, 2014.

SOARES, Laura Tavares. *Ajuste neoliberal e desajuste social na América Latina*. Rio de Janeiro: UFRJ, 1999; e UFRJ/IEI, 1990.

STEIN, Rosa Helena. Desarrollo y gestión de la pobreza: los mínimos sociales en América Latina. En: CONGRESO DE LA RED ESPAÑOLA DE POLÍTICA SOCIAL (REPS), 4. Las políticas sociales entre crisis y post-crisis, celebrado el 6 y 7 de junio de 2013 en la Universidad de Alcalá, *Actas*..., p. 1258-1272 Disponível em: <http://www3.uah.es/congresoreps2013/> ou <http://www.dropbox.com/s/hpzto77agdc0cq5/actas.pdf>. Acesso em: 3 set. 2015.

______. La protección social en América Latina. In: ______ Precariedad y cohesión social. *Análisis y Perspectivas*, n. 3, p. 71-80, 2014. (Col. Análisis y Perspectivas.) Disponível em: <http://www.caritas.es/imagesrepository/CapitulosPublicaciones/4833/Precariedad%20y%20Cohesi%C3%B3n%20Social.%20Versi%C3%B3n%20digital.pdf>. Acesso em: 3 set. 2015.

TAVARES, Maria Augusta. *Os fios (in)visíveis da produção capitalista*: informalidade e precarização do trabalho. São Paulo: Cortez, 2004.

TELLES, Vera da S. *Direitos sociais*: afinal, do que se trata? Belo Horizonte: Ed. da UFMG, 1999.

TITMUSS, R. *Social policy*. Londres: Allen and Unwin, 1974.

TONET, Ivo. *Educação, cidadania e emancipação humana*. Disponível em: <http://ivotonet.xpg.uol.com.br/arquivos/EDUCACAO_CIDADANIA_E_EMANCIPACAO_HUMANA.pdf>. Acesso em: 2 mar. 2015.

TUCHSZIRER, Carole. Le modèle danois de "fléxicurité": l'improbable "copier-coller". *Information Sociale*, Paris, n. 142, p. 132-141, 2007/6.

VARELA, Raquel. *Quem paga o Estado social em Portugal?* Lisboa: Bertrand Editora, 2012.

VIANNA, Maria Lucia Werneck. Seguridade social: três mitos e uma mentira. *Revista Universidade e Sociedade*, n. 19, Brasília, Andes, 1999.

______. Perspectivas da Seguridade Social nas economias centrais: subsídios para discutir a reforma brasileira. In: MPS/CEPAL, *A Previdência Social e a revisão constitucional*. Brasília, 1994. (Pesquisas, v. IV.)

WACQUANT, Loïc. *Punir os pobres*: a nova gestão da miséria nos Estados Unidos (A onda punitiva). 3. ed. Rio de Janeiro: Revan, 2007.

WHITERFORD, Peter. Les réformes de la protection sociale dans les pays d'Europe Continentale et du Sud. Panorama des enjeux et des estratèges. *Revue Français dês Affaires Sociales*, n. 1, p. 25-50, 2006/1.

WOOD, Ellen. *Democracia contra capitalismo*. São Paulo: Boitempo, 2006.

GRÁFICA PAYM
Tel. [11] 4392-3344
paym@graficapaym.com.br